NOUVEAU

MANUEL DES OCTROIS.

o

Chaque exemplaire du **Nouveau Manuel des Octrois** *devra être revêtu de ma signature.*

LYON. — IMPRIMERIE DE LOUIS PERRIN, RUE D'AMBOISE, 6.

NOUVEAU

MANUEL DES OCTROIS,

RENFERMANT :

1° Un Recueil complet de Modèles de Procès-verbaux, divisé en trois chapitres. — Le premier traite des Procès-verbaux en matière d'Octroi seulement. — Le second présente ceux qui concernent les intérêts du Trésor et des Communes. — Et enfin, le troisième ne traite que des Procès-verbaux en matière de Régie inclusivement, tels que ceux concernant les Voitures publiques, les Tabacs, les Cartes, les Poudres, les Sucres, le Transport du Gibier en temps prohibé, etc., etc. ;

2° Une Notice explicative concernant le Droit d'Octroi perçu au poids sur les Bestiaux de boucherie, en remplacement de la taxe par tête ;

3° Un Mode de Comptabilité pour contrôler toutes les opérations de recettes qui s'effectuent aux barrières ; etc,, etc., etc. ;

Par M. E. LAFFOLAY,

CONTRÔLEUR AMBULANT DE L'OCTROI DE LYON ,

Ancien Employé de l'Administration des Contributions indirectes.

LYON.

LOUIS PERRIN , Editeur , rue d'Amboise , 6.
GUILBERT ET DORIER , Libraires , rue Puits-Gaillot , 3.
CHAMBET , Libraire , quai des Célestins.

PARIS.

MAISON , quai des Augustins.

—

1847.

1846

INTRODUCTION.

La loi concernant le droit d'octroi perçu au poids sur les bestiaux de boucherie, en remplacement de la taxe par tête, sera mise à exécution au 1er janvier 1847 dans une grande partie des communes du royaume.

Celle de Lyon se servant déjà de ce mode depuis plusieurs années, il lui a fallu conséquemment créer un système d'opérations en harmonie avec cette nouvelle perception. Ce mode, qui fonctionne depuis 1843, a démontré que les dispositions adoptées ne laissent rien à désirer, tant sous le rapport de la rectitude des opérations du pesage que de la comptabilité. C'est donc dans le but d'éviter des essais, quelquefois infructueux, que j'ai rédigé une notice concernant ce nouveau mode.

Cette notice est précédée d'un recueil complet de modèles de procès-verbaux. A l'aide de ce recueil, il sera facile à l'employé qui n'a pas encore l'instruction nécessaire pour la rédaction des affaires contentieuses, de rédiger lui-même les procès-verbaux relatifs aux saisies déclarées soit à l'entrée, soit dans l'intérieur du rayon. Tous les cas possibles de fraudes ou de contraventions ont été prévus, et, pour éviter la confusion, j'ai divisé ce recueil en trois chapitres distincts.

L'employé qui aura recours à ces modèles devra donc consulter la table qui figure à la fin de l'ouvrage, et en lisant avec attention les indications qui se rattachent à chaque modèle, il trouvera celui qui s'appliquera au procès-verbal qu'il aura à rédiger.

Le premier chapitre traite des procès-verbaux en matière d'octroi seulement.

Le second traite des procès-verbaux en matière de saisie commune, c'est-à-dire des actes de répression qui concernent les intérêts du Trésor et ceux de la commune.

Enfin, le troisième chapitre ne présente que les modèles de procès-verbaux en matière de régie inclusivement, tels que ceux concernant les voitures publiques, les tabacs, les cartes, les poudres, les sucres, le transport du gibier en temps prohibé, etc., etc.

Je me suis appliqué, dans la rédaction de ces modèles de procès-verbaux, à élaguer tout ce qui est complètement inutile, et à présenter les faits avec précision. Il est bien entendu que j'ai dû éviter surtout les nullités, qui souvent compromettent le succès de saisies importantes, et je me suis étudié aussi à ne pas commettre des vices de forme et des irrégularités que l'Administration des Contributions indirectes se donne souvent la peine de relever dans ses réponses en marge des états 125.

Vingt années de services, soit dans cette Administration, soit dans l'Octroi de Lyon, ont dû me familiariser avec cette partie importante du service.

Mon but principal, en faisant paraître ce Manuel, est de produire quelque chose d'utile, en facilitant aux employés qui débutent dans l'Administration, le moyen de connaître avec promptitude les diverses branches du service.

Les communes y trouveront aussi des documents qui pourront les mettre à même d'apporter dans le service de leur octroi des changements ou des innovations qui seront certainement favorables à leurs revenus.

Pour obtenir ce double résultat, j'ai fait suivre mes trois chapitres concernant le contentieux et ma Notice sur la perception des bestiaux de boucherie au poids, d'un travail complet et certain pour contrôler toutes les opérations qui s'effectuent aux barrières : ce travail comprend le modèle des états ou des registres qui se rapportent à ce contrôle; et en suivant ce mode aussi simple que facile, les communes auront toute espèce de sécurité sur l'application du tarif et sur la sincérité des opérations des agents employés par elles; — d'un projet de règlement d'octroi, ainsi que d'un tarif; — d'un projet de règlement concernant la création d'un entrepôt général des liquides; — d'un règlement du régime intérieur dudit entrepôt; — de l'ordonnance de 1814, concernant l'administration et la perception des octrois; — d'un extrait de la loi du 28 avril 1816; — d'une instruction concernant le jaugeage extérieur des fûts; — d'une instruction générale concernant l'employé d'octroi, depuis le grade de contrôleur ambulant jusqu'à celui de simple préposé; — d'un projet de règlement relatif à la création d'une caisse de retraites, etc., etc.

Je n'ai pas fait de mon Manuel une affaire de spéculation, j'ai seulement cherché à rentrer dans mes frais d'impression; mais mes efforts seraient bien récompensés, si cet écrit, qui n'a d'autre mérite que celui de réunir sous la main des renseignements précieux pour le service, pouvait être utile à mes collaborateurs.

OBSERVATIONS PRÉLIMINAIRES

Les procès-verbaux doivent renfermer, sous peine de nullité, les énonciations suivantes :

1º La date ;

2º Les nom, qualités et demeure de la personne chargée des poursuites ;

3º Les nom, prénoms et demeure des employés saisissants, de plus l'énonciation de leur prestation de serment et de l'existence de leur commission en leur possession ;

4º La cause de la saisie basée sur l'infraction à la loi, ou règlement de l'octroi, avec les interpellations des saisissants et les réponses du contrevenant ;

5º La déclaration de saisie, ou du procès-verbal ;

6º L'espèce, poids ou mesure des objets saisis ;

7º La présence du contrevenant à la description desdits objets, ou la sommation qui lui aura été faite d'y assister ;

8º L'offre de la main-levée sous caution solvable, ou consignation de la valeur des moyens de transport dont la confiscation n'est point prononcée par la loi, c'est-à-dire de ceux dont la saisie n'est opérée que pour garantie de l'amende encourue ;

9º Le nom et la qualité du gardien lorsqu'il y aura eu saisie réelle, c'est-à-dire, lorsque les objets saisis n'auront pas été rendus au contrevenant;

1

10° L'évaluation des objets saisis dont la main-levée aura été accordée au contrevenant, ou remise à la caution ;

11° Le lieu et l'heure de la rédaction du procès-verbal ;

12° La lecture donnée au contrevenant lorsqu'il est présent à la rédaction, la sommation de le signer, et sa réponse ;

13° La remise de la copie du procès-verbal, si le contrevenant est présent à sa rédaction, et, en cas d'absence, la réserve de notifier ou d'afficher cette copie à la porte de la maison commune dans le délai prescrit, c'est-à-dire dans les vingt-quatre heures qui suivront la clôture du procès-verbal ;

14° L'heure de la clôture ;

15° L'affirmation du procès-verbal dans les vingt-quatre heures qui suivront la clôture dudit acte, devant le Juge de paix de l'arrondissement de l'Hôtel-de-Ville, en matière d'octroi, et en matière de régie devant celui de l'arrondissement où le fait a été consommé.

Quelques-unes des énonciations qui précèdent ne sont pas prescrites sous peine de nullité, dans toute l'acception du mot, mais elles sont toutes essentielles ; d'ailleurs elles sont expressément recommandées par l'administration des Contributions indirectes, et, sous ce rapport, elles ne doivent pas être négligées dans la rédaction des procès-verbaux. Il est bon aussi d'ajouter que la date et l'heure de la rédaction doivent être en toutes lettres ; ne pas omettre d'indiquer, après le mot *certifions*, le jour et l'heure de la constatation de la fraude, et ne pas mettre *certifions qu'à l'heure susdite*, parce que la découverte de la fraude et la rédaction du procès-verbal ne pouvant être simultanées, il convient d'indiquer l'heure à laquelle chacune de ces opérations a été effectuée.

Les procès-verbaux doivent aussi énoncer d'une manière formelle si les contrevenants ont, ou non, assisté au jaugeage des fûts ou des vases contenant les boissons saisies, et si les employés et les délinquants eux-mêmes ont participé à la dégustation de ces boissons. Cette formalité, prescrite à peine de nullité, ne peut être remplacée par ces mots : *avons reconnu et fait reconnaître*. Il faut que l'énonciation de la reconnaissance du jaugeage et de la dégustation par les parties présentes, soit formellement exprimée. Et si l'objet reconnu est du spiritueux, au lieu de se servir de cette expression vicieuse : *reconnu par les moyens légaux*, il faut dire : *le degré du spiritueux a été reconnu au moyen de l'alcoomètre centésimal et du thermomètre centigrade*.

Lorsque la saisie est effectuée en matière d'octroi seulement, sur de la viande salée, de la chaux, des briques, de l'avoine ou tout autre objet tarifé, il faut s'exprimer ainsi, pour la viande salée : *à l'aide de notre romaine;* pour les autres objets : *à l'aide du mètre* ou *de l'hectolitre*.

La cause de la saisie doit être exprimée dans le corps du procès-verbal en termes clairs et précis, et doit être surtout l'expression de la vérité ; les faits seuls doivent y être consignés, et on ne doit mentionner les circonstances que lorsqu'elles se rattachent essentiellement au fait principal.

Dans le cas où le motif de la saisie porterait sur le faux, ou l'altération des expéditions, le procès-verbal énoncerait le genre de faux, les altérations ou surcharges, et lesdites expéditions signées et paraphées des saisissants, *ne varietur*, seraient annexées au procès-verbal qui contiendrait sommation faite à la partie de les parapher, et sa réponse à cette proposition. Il est bon d'ailleurs d'opérer ainsi toutes les fois que les expéditions représentées seront inapplicables pour quelque cause que ce soit.

Lorsque la déclaration de la saisie est faite au contrevenant, on peut se dispenser de saisir les moyens de transport, s'il est reconnu solvable par les employés, ou s'il présente de suite une caution qui offre toutes les garanties. Il convient que les objets saisis soient estimés modérément et de gré à gré avec le contrevenant, et cette estimation doit être faite avant l'offre de la main-levée.

S'il arrive que le contrevenant se trouve insolvable et qu'il soit dans l'impossibilité de présenter une caution, on doit alors saisir réellement et constituer un gardien : dans ce cas les stipulations de frais de garde, de fourrière et autres sont faites en présence du prévenu, et consignées au procès-verbal qui doit être signé par le gardien.

La lecture du procès-verbal doit précéder la mention de la clôture, afin de laisser au contrevenant la faculté d'y insérer ses dires, ce qui ne pourrait avoir lieu si le procès-verbal était clos.

La remise de la copie doit être la dernière indication du procès-verbal.

La loi ne prescrit pas de remettre une copie à la caution, mais il convient néanmoins de ne pas se dispenser de cette formalité.

Si le contrevenant n'est pas présent à la rédaction du procès-verbal, il doit lui être notifié dans les *vingt-quatre heures de la clôture*, et, si son domicile n'est pas connu, la copie qui lui était destinée doit être affichée dans le même délai à la porte de la mairie du lieu où la saisie a été opérée.

L'affirmation du procès-verbal doit aussi avoir lieu dans les *vingt-quatre heures de la clôture* : l'acte d'affirmation doit mentionner les nom, prénoms et demeure du Juge de paix, ou de son suppléant ; il doit énoncer en outre qu'il a été donné lecture du procès-verbal aux saisissants, et sa date entière, ainsi que l'heure, dans le cas où l'affirmation aurait lieu le lendemain du jour de la rédaction de l'acte de répression, doivent toujours être mises en *toutes lettres*.

D'après les termes de l'acte d'affirmation, il est certain que son insertion au procès-verbal doit avoir lieu par le Juge de paix lui-même ; mais, pour éviter les omissions que ce magistrat pourrait commettre, il convient que les employés saisissants dressent eux-mêmes cet acte, sauf à laisser en blanc quelques indications qui seront plus tard remplies lorsque le procès-verbal sera soumis à la signature du Juge de paix. (Voir du reste, dans le corps de l'ouvrage, le modèle d'affirmation.)

5

Les procès-verbaux doivent être enregistrés dans les quatre jours de leur date.

Je vais sommairement indiquer ici, par deux exemples, l'application des principales règles que je viens de faire connaître.

PREMIER EXEMPLE :

Supposons qu'un procès-verbal ait été déclaré le 1er janvier 1846, à 7 heures du matin, et que la rédaction ait eu lieu une heure après. Dans ce cas, l'acte dont il s'agit devra mentionner, sous peine de nullité, les règles qui suivent :

Rédaction,	le 1er janvier 1846,	à 8 h. du matin.	
Faits constitutifs du pro-			
cès-verbal,	le	id.	à 7 h. du matin.
Clôture,	le	id.	à 9 h. du matin.
Notification au contreve-			
nant, ou affiche,	le	id.	à 2 h. de relevée.
Affirmation,	le 2	id.	à 8 h. du matin.

DEUXIÈME EXEMPLE :

Procès-verbal déclaré le 1er janvier 1846, à 4 heures du soir; mais dont la rédaction est renvoyée au lendemain, dix heures du matin. Dans ce deuxième cas, il faudra que le procès-verbal porte les indications qui suivent :

Rédaction,	le 2 janvier 1846,	à 10 h. du matin.	
Faits constitutifs du pro-			
cès-verbal,	le 1er	id.	à 4 h. du soir.
Clôture,	le 2	id.	à 11 h. du matin.
Notification au contreve-			
nant, ou affiche,	le 2	id.	à 1 h. de relevée.
Affirmation,	le 2 janvier 1846.		

Dans le premier comme dans le second de ces deux exemples, on remarquera que les règles établies par le décret du 1ᵉʳ germinal an XIII et 27 frimaire an VIII, quant à l'affirmation, ont été rigoureusement observées ; et comme elles forment la base de toute rédaction des actes de répression, il serait utile que l'employé qui n'a pas encore acquis l'habitude de la rédaction des procès-verbaux, fît un tableau semblable avant de commencer le procès-verbal. De cette manière, il aurait devant les yeux l'heure de la rédaction, de la déclaration de la saisie, de la clôture, de la notification ou de l'affiche, enfin celle de l'affirmation.

Il lui serait dès-lors impossible de commettre une erreur, parce que je suppose qu'avant d'établir le tableau, il aurait pris pour modèle les règles que j'ai indiquées au commencement de mes Observations préliminaires.

Maintenant que j'ai tracé la véritable marche qu'il convient de suivre dans les affaires contentieuses, je vais en faire l'application dans mes trois chapitres concernant le recueil des modèles de procès-verbaux, et dans ce formulaire, que je désire rendre aussi clair que possible, je ferai tous mes efforts pour ne pas m'écarter des règles invariables contenues dans le décret du 1ᵉʳ germinal an XIII, ainsi que dans les instructions données par l'administration des Contributions indirectes.

MODÈLES

DE

PROCÈS-VERBAUX EN MATIÈRE D'OCTROI.

CHAPITRE PREMIER.

Saisie pour fraude au droit d'octroi.

N° 1. — PROCÈS-VERBAL DU   184 .

*Saisie de   kilogrammes de viande salée, au préjudice du
   sieur   , demeurant à*

L'an mil huit cent quarante   , le   ,
à trois heures du soir, à la requête de M. le Maire de la
ville de   , y demeurant, hôtel de la mairie,
poursuites et diligences de M.   , préposé en
chef de l'octroi de ladite ville, y demeurant, rue
        , où il fait élection de domicile pour la suite du
présent,

Nous, soussignés (nom, prénoms et qualités des employés), tous employés de l'octroi de   , y demeurant, ayant serment en justice et porteurs chacun de notre commission, certifions que ce matin, sur les neuf heures, nous trouvant tous de service à la barrière de   , s'est présenté à la même heure, pour entrer en ville, un Sʳ   , demeurant à   , lequel traînait une petite charrette à bras, sur laquelle étaient plusieurs paquets. Ledit   s'étant arrêté un instant devant notre bureau de recette, a fait le simulacre de payer le droit sur   kilogrammes de viande salée; mais profitant du moment où nous étions occupés à vérifier d'autres voitures qui entraient aussi en ville, ledit   a pris précipitamment la fuite, traînant toujours sa charrette, et ce n'est qu'après beaucoup d'efforts que nous sommes parvenus à le forcer à revenir devant ledit bureau. Arrivés là, nous l'avons prévenu que se trouvant en contravention aux articles   du règlement de l'octroi de   , approuvé par ordonnance royale du   , nous lui déclarions procès-verbal et saisie des   kilogrammes de viande salée, ainsi reconnus avec lui, après pesage à l'aide de notre romaine, et que nous avons estimés, de concert avec ledit   , à la somme modérée de   francs, droit non compris. Avons également saisi, mais seulement pour garantie de l'amende encourue, la petite charrette à bras, que nous avons estimée, toujours de concert avec ledit   , à la somme de   francs.

Toutefois, attendu que ledit   a versé, à titre de consignation provisoire, une somme de   francs, et attendu d'ailleurs que sa solvabilité est parfaitement connue de nous tous, nous lui avons donné main-levée de tous les objets saisis, sur sa promesse juratoire de les représenter, ou leur valeur estimative, à toute réquisition de justice. Prévenant, enfin, ledit   que la rédaction de notre procès-verbal devant avoir lieu aujourd'hui même, à trois heures de relevée, dans notre bureau de   , nous le sommions d'y assister, afin d'y faire insérer ses dires, d'en entendre lecture et d'en recevoir copie. Et ledit jour étant tous réunis au lieu indiqué, nous avons rédigé, en l'absence du S^r   , notre dit procès-verbal, et avons clos le susdit acte, les jour, mois et an qui sont inscrits en tête du procès-verbal, à quatre heures du soir, nous réservant de le notifier audit   , ou, si besoin l'exige, de l'afficher à la porte de la mairie de   ; et avons signé.

Acte de notification du procès-verbal par le moyen de l'affiche (1).

L'an mil huit cent quarante   , le   , à   heures du   , nous employés qualifiés et dénommés au procès-verbal ci-dessus, au requis que dit est, certifions qu'attendu l'absence du S^r   , que nous avons vainement cherché pour lui délivrer copie dudit procès-verbal, nous nous sommes transportés à la porte de la mairie de   , où étant, nous avons affiché copie dudit procès-verbal ainsi que du présent exploit; et avons signé.

(1) On ne doit employer cette voie que lorsque le contrevenant n'a pas son domicile dans la ville où le procès-verbal a été rédigé.

Acte d'affirmation du procès-verbal devant le Juge de paix de l'Hôtel-de-Ville, ou de tout autre arrondissement.

Pardevant nous   , Juge de paix du arrondissement de la ville de   , y demeurant, le procès-verbal ci-dessus et d'autre part a été affirmé sincère et véritable par les employés soussignés, après qu'il leur en a été donné lecture.

Fait à   , le   mil huit cent quarante

Fausse déclaration à l'entrée d'une ville.

—

N° 2. — PROCÈS-VERBAL DU   184 .

Saisie de   hectolitres d'avoine, au préjudice du sieur   , voiturier , demeurant à

L'an mil huit cent, etc., etc. (comme au modèle n° 1),
Certifions que, hier soir, sur les   heures, nous trouvant tous de service à la barrière de   , s'est présenté à la même heure, pour entrer en ville, un S^r   , voiturier, demeurant à   , lequel conduisait une charrette attelée d'un cheval et chargée d'avoine. Ledit   , nous ayant déclaré qu'il désirait acquitter le droit d'octroi sur   sacs renfermant   hectolitres d'avoine, nous lui avons demandé si cette déclaration était bien réellement l'expression de la vérité. Ledit a répondu affirmativement; toutefois, l'importance du chargement nous ayant donné lieu à penser que ce voiturier cherchait à

nous tromper, nous avons mesuré, à l'aide de l'hectolitre, en présence du S^r   , l'avoine dont il
s'agit, et avons reconnu et fait reconnaître audit S^r
               que la quantité réelle s'élevait à
hectolitres, opération qui a fait ressortir un excédant
de   hectolitres d'avoine qu'évidemment ledit
               avait l'intention de soustraire au paie-
ment du droit. Celui-ci a répondu, pour sa justification,
que le vendeur s'était sans doute trompé dans la conversion des boisseaux en hectolitres; mais, sans nous arrêter
à ses dires, nous l'avons prévenu que se trouvant en
contravention aux articles   du règlement de
l'octroi de   , approuvé par ordonnance royale du
               , nous lui déclarions procès-verbal et
saisie des   hectolitres d'avoine, formant l'excédant, ainsi reconnus, comme cela a été dit, et que
nous avons estimés, d'accord avec le S^r   ,
à la somme de   francs, droit non compris. Avons
également saisi , mais seulement pour garantie de
l'amende encourue, le cheval et la charrette, que nous
avons estimés, toujours d'accord avec le S^r   ,
à la somme de   francs.

Toutefois, attendu que ledit a versé, à titre de consignation provisoire, une somme de   francs, et
attendu d'ailleurs que sa solvabilité est parfaitement
connue de nous tous, nous lui avons donné main-levée
de tous les objets saisis, sur sa promesse juratoire de
les représenter, ou la valeur estimative, à toute réquisition de justice.

Prévenant, enfin, ledit   , que la rédaction du procès-verbal devant avoir lieu le lendemain
          du courant, à   heures du matin, dans
notre bureau de   , nous le sommions d'y

assister, à l'effet d'y faire insérer ses dires, d'en entendre, etc., etc. (La fin de ce procès-verbal comme au n° 1, page 9.)

(Même notification qu'au n° 1, page 9.)

Acte d'affirmation de ce procès-verbal (1).

Pardevant nous   Juge de paix du   arrondissement de la ville de   , y demeurant, le procès-verbal ci-dessus et d'autre part a été affirmé sincère et véritable par les employés soussignés, après qu'il leur en a été donné lecture.

Fait à   , le   mil huit cent quarante   , à   heures du matin.

Fausse déclaration à la sortie du lieu sujet.

—

N° 3. — PROCÈS-VERBAL DU   184   .

Saisie réelle de   kilogrammes de foin présentés à la sortie, et saisie fictive de   kilogrammes de foin laissés dans l'intérieur du rayon, au préjudice du sieur   , voiturier, demeurant à

L'an mil huit cent   (comme au modèle n° 1),

(1) Dans cet acte d'affirmation, on doit porter l'heure, attendu que l'on suppose qu'il a été dressé le lendemain de la rédaction du procès-verbal; mais il faut bien prendre garde de ne pas laisser écouler *les 24 heures exigées*, autrement l'acte dont il s'agit serait frappé de nullité.

Certifions que hier soir, sur les   heures, nous
trouvant tous de service à la barrière de
s'est présenté à la même heure, pour sortir de la ville,
un Sʳ   , voiturier, demeurant à   ,
lequel conduisait une charrette attelée de deux chevaux et chargée de foin. Ledit nous ayant exhibé un
passe-debout sous le n°   du registre B, exprimant
la quantité de   kilogrammes de foin, et nous ayant
réclamé un certificat de sortie, ainsi que la somme
consignée par lui à la barrière de   , nous
lui avons demandé s'il n'avait rien soustrait du chargement introduit. Ledit a répondu qu'il n'avait rien enlevé. Toutefois, examinant avec attention la charrette
sur laquelle était le foin, nous avons fait remarquer
audit   qu'il nous semblait que son chargement ne se trouvait pas en rapport avec la quantité
de foin portée au libellé du passe-debout. Ledit
persistant dans ses premiers dires, nous l'avons sommé
de conduire son chargement à la bascule, afin de nous
assurer si réellement il disait vrai. En effet, ayant pesé
le foin à l'aide de ladite bascule, nous avons reconnu
et fait reconnaître audit   que la quantité
de foin, au lieu d'être de   kilogrammes, ne s'élevait
qu'à   kilogrammes, opération qui a fait ressortir
une différence en moins de   kilogrammes, qu'évidemment ledit   avait laissée dans l'intérieur
du rayon, dans l'intention positive de la soustraire à
l'action du droit. Convaincu par l'évidence des faits,
ledit   a effectivement avoué sa culpabilité
et a réclamé notre indulgence. Ainsi donc, vu la contravention du Sʳ   aux articles   du
règlement de l'octroi de   , approuvé par ordonnance royale du   , nous lui avons

déclaré procès-verbal et saisie des   kilogrammes de foin représentés à la sortie, ainsi que des   kilogrammes laissés dans l'intérieur de la ville, ces derniers saisis fictivement, et que nous avons estimés, d'accord avec le S^r   : les premiers, à la somme de   francs, et les seconds à celle de   francs. Avons également saisi, mais seulement pour garantie de l'amende encourue, les deux chevaux et la charrette, que nous avons estimés, toujours d'accord avec le S^r   , à la somme de   francs.

Toutefois, ledit   ayant versé, à titre de consignation provisoire, une somme de   francs, et d'ailleurs sa solvabilité étant parfaitement connue de nous tous, nous lui avons donné main-levée de tous les objets saisis, sur sa promesse juratoire de les représenter, ou la valeur estimative, à toute réquisition de justice. Prévenant, enfin, ledit   , que la rédaction de notre procès-verbal devant avoir lieu le lendemain   du courant, à   heures du soir, dans notre bureau de   , nous le sommions d'y assister, à l'effet d'y faire insérer ses dires, d'en entendre lecture et d'en recevoir copie. Et ledit jour, étant tous réunis au lieu indiqué, nous avons rédigé, en présence du S^r   notre dit procès-verbal et lui en avons donné lecture, avec sommation de le signer et de parapher, *ne varietur*, avec nous le passe-debout susmentionné :   a répondu ne savoir. Ayant paraphé ledit passe-debout, nous avons clos le présent à   heures du soir, en avons remis sur-le-champ une copie audit S^r   , et l'avons signé (1).

(Même acte d'affirmation qu'au n° 1, page 10.)

(1) La copie du procès-verbal ayant été remise au contrevenan qui était présent à la rédaction de cet acte, cette opération tient conséquemment lieu de l'acte de l'affiche, ou de la notification.

Substitution d'un liquide à un autre dans l'intérieur du rayon.

—

N° 4. — PROCÈS-VERBAL DU   184 .

Saisie de 420 litres de vinaigre, au préjudice du sieur N.   ,
demeurant à

L'an mil huit cent quarante, etc, etc. (comme au n° 1),
Certifions que ce matin, sur les   heures, nous
trouvant tous de service à la barrière de   ,
s'est présenté à la même heure, pour entrer en ville,
un S^r   , domestique du Sr N.   ,
marchand de vinaigre, demeurant à   , lequel
(le nom du domestique) conduisait une charrette
attelée d'un cheval et chargée de deux fûts de vinaigre.
Ledit nous ayant demandé un passe-debout pour traverser la ville, nous avons jaugé les deux fûts et avons
reconnu qu'ils contenaient ensemble quatre hectolitres
vingt litres de ce liquide. Nous lui avons donc délivré
un passe-debout, n°   du registre B; et ledit ayant
consigné le droit d'octroi, a continué sa route; mais
soupçonnant, avec quelque raison, que son maître, le
Sr N.   , pourrait se livrer à quelque substitution dans l'intérieur et présenter à la sortie un mauvais liquide en remplacement de celui introduit, qui
était d'une excellente qualité, nous avons suivi la charrette, sans la perdre un seul instant de vue, et effectivement le S^r   , s'étant arrêté devant le
domicile de son maître, nous avons vu ce dernier, aidé

de son voiturier, décharger furtivement les deux fûts et les remplacer instantanément par deux autres qui étaient devant la porte de son magasin. Cette opération terminée , le domestique du Sr N.   a fouetté son cheval et s'est dirigé vers la barrière de sortie. L'ayant suivi de nouveau, sans le perdre un seul instant de vue, nous nous sommes approchés de lui au moment où il arrivait devant la barrière   ,
et l'avons sommé, après lui avoir fait connaître nos qualités, de nous exhiber le passe-debout dont il devait être porteur. Ledit   a obtempéré aussitôt à notre demande, et nous a réclamé le certificat de sortie des deux fûts qui étaient sur la charrette. Avant de nous rendre à ses désirs, nous avons jaugé en sa présence les deux fûts dont il s'agit, et avons reconnu que la quantité de liquide qu'ils renfermaient se trouvait conforme à celle exprimée au libellé du passe-debout; mais passant à la dégustation de ce même liquide, toujours en présence dudit   , nous lui avons fait remarquer que le liquide présenté n'avait aucun principe de vinaigre, et que ce n'était autre chose que de l'eau, ou un résidu de bouillon de bière légèrement acidulé, que d'ailleurs nous avions la conviction qu'il y avait eu substitution en cours de transport. Ledit a répondu que nous étions dans l'erreur, et qu'il n'avait pas quitté sa route. Voulant le convaincre de mensonge, nous l'avons sommé de se rendre avec nous au domicile de son maître, le Sr N.   . Arrivés effectivement chez ce dernier, nous lui avons fait connaître nos qualités et fait part de ce qui précède; et apercevant au même instant les deux fûts qui étaient dans son magasin, et que nous avons parfaitement reconnus, attendu que nous les avions marqués de deux

ronds de notre *rouanne* à leur entrée dans la ville, ledit N.   a été forcé d'avouer sa tentative de
fraude. Ainsi donc, vu sa contravention aux articles
du règlement de l'octroi de   ,
approuvé par ordonnance royale du   ,
nous lui avons déclaré procès-verbal et saisie des quatre
hectolitres vingt litres de vinaigre laissés dans l'intérieur, ainsi reconnus, comme cela a été dit, et que nous
avons estimés, d'accord avec le Sr N.   , à
la somme de   francs, droit non compris. Toutefois, connaissant sa solvabilité, nous lui avons donné
main-levée dudit liquide, sur sa promesse juratoire de
le représenter, ou la valeur estimative, à toute réquisition de justice. Prévenant, enfin, le S^r N.
que la rédaction de notre procès-verbal devant avoir
lieu aujourd'hui même, à   heures de relevée, dans
notre bureau de   , nous le sommions d'y
assister, à l'effet d'y faire insérer ses dires, d'en entendre lecture et d'en recevoir copie. Et ledit jour, étant
tous réunis au lieu indiqué, nous avons rédigé, en
l'absence du Sr N.   , notre dit procès-
verbal, et avons clos le susdit acte les jour, mois et an
qui sont inscrits en tête du procès-verbal, à
heures du soir, nous réservant de le notifier audit N.
        , ou, si besoin l'exige, de l'afficher à la
porte de la mairie de   ; et avons signé.

Acte de notification du procès-verbal qui précède.

L'an mil huit cent   , le   , à
        heures du   , au requis que dit est, nous
employés qualifiés et dénommés au procès-verbal ci-

dessus et d'autre part, Certifions que nous étant transportés au domicile dudit N.   , situé à   ,
rue   , n°   , et parlant à lui-même (ou à
une personne qui nous a déclaré être à son service),
nous lui avons laissé copie de notre procès-verbal,
ainsi que du présent exploit; et avons signé.

(Même acte d'affirmation qu'au n° 1 , page 10.)

Fabrication dans l'intérieur d'un objet compris au tarif.

—

N° 5. — PROCÈS-VERBAL DU   184 .

*Saisie de   hectolitres   litres de vinaigre et de
hectolitres   litres d'un liquide en fermentation, au préjudice
d'un sieur   , demeurant à*

Nous soussignés   , employés de l'octroi
de   , y demeurant, autorisés par les articles
53 du décret du 1ᵉʳ germinal an XIII et 92 de l'ordonnance du 9 décembre 1814, et en vertu de l'article 237
de la loi du 28 avril 1816, invitons et requérons
M.   , commissaire de police de la ville de
              , de nous assister dans la visite que nous
nous proposons de faire chez le Sʳ   , demeurant à   , rue   , n°   , d'après
l'ordre qui nous en a été donné par M.
(sa qualité), et que nous avons exhibé (1).

---

(1) Si, parmi les employés qui signeront le réquisitoire, il s'en
trouvait un du grade de *contrôleur*, le rédacteur du procès-verbal
aurait soin de mentionner cette qualité, et, dans ce cas, il faudrait supprimer les mots : *d'après l'ordre , etc. , etc.*

Fait à   , le   184

       Signé :

L'an mil huit cent   , le   , à
                     (comme au modèle n° 1), Certifions
que ce matin, sur les   heures , nous trouvant
tous en surveillance aux alentours de la maison du
S^r   , fortement soupçonné par nous de
fabriquer sans déclaration préalable des objets portés
au tarif en vigueur, et accompagnés de M.   ,
commissaire de police, dont le réquisitoire figure en
tête du présent, nous avons entendu du dehors un
certain bruit qui nous a effectivement convaincus qu'il
existait chez le S^r   un atelier de fabrication. Ayant pénétré dans le domicile dudit   ,
toujours accompagnés de M. le Commissaire de police,
et parlant audit   , nous lui avons fait
connaître nos qualités, ainsi que le but de notre visite,
et l'avons sommé de nous conduire dans l'intérieur de
son domicile, afin de nous mettre à même de nous
assurer s'il se livrait, oui ou non, à quelque fabrication
clandestine. Ledit   s'est empressé de se
rendre à cette sommation, et nous a conduits dans une
grande pièce située au rez-de-chaussée, où nous avons
trouvé plusieurs tonneaux remplis de substances propres à la fabrication du vinaigre, ainsi que d'autres tonneaux contenant un liquide très acidulé et à l'état complet de vinaigre. Ayant pénétré ensuite dans un autre
corps de logis, occupé également par le S^r   ,
toujours en présence de ce dernier et de M. le Commissaire de police, nous avons trouvé dans ce lieu plusieurs cuves remplies de vinaigre et d'autres pleines
d'un liquide destiné à devenir vinaigre, et qui se trouvait dans le moment en fermentation. Ayant demandé

audit   de nous expliquer comment il se faisait que contrairement à l'article   de l'octroi de   , approuvé par ordonnance royale du   , il se livrât dans l'intérieur à la fabrication d'objets compris au tarif, sans avoir fait préalablement une déclaration, ledit   a répondu que payant le droit sur les lies, et achetant des brasseurs les bouillons de bière qui avaient aussi, de leur côté, acquitté les droits, il se croyait dispensé de faire une telle déclaration. Nous l'avons désabusé sur ce point, et l'avons prévenu que se trouvant en contravention à l'article déjà cité, ainsi qu'aux articles (citer les articles concernant la fraude à l'entrée) du même règlement, nous lui déclarions procès-verbal et saisie des   hectolitres de vinaigre rouge, bon, franc et marchand, trouvés dans les   tonneaux qui étaient dans la première pièce, des   hectolitres   litres aussi de vinaigre rouge contenus dans   tonneaux placés dans la seconde, et enfin des   hectolitres   litres d'un liquide blanc en fermentation, fortement acidulé et ayant la saveur du vinaigre, mais n'étant pas encore dans un état propre à être livré à la consommation. Tous ces divers liquides reconnus en présence du S^r   par le moyen du jaugeage et de la dégustation, et que nous avons estimés, d'accord avec le S^r   : le vinaigre entièrement fabriqué, à la somme de   francs, et le liquide encore en état de fabrication, à la somme de   francs, droit non compris.

(La fin de ce procès-verbal, ainsi que l'acte de notification et celui de l'affirmation, comme au n° 4.)

Fraude dans l'intérieur du rayon par un entrepositaire.

—

N° 6. — PROCÈS-VERBAL DU   184 .

*Saisie de   hectolitres   litres de bière , au préjudice du
sieur   , brasseur , demeurant à*

L'an   (comme au modèle n° 1),

Certifions que ce matin, sur les   heures , nous trouvant tous de service extraordinaire dans la rue   , à l'effet de surveiller le mouvement des brasseries de bière qui se trouvent agglomérées dans ce quartier, nous avons rencontré dans ladite rue , et à l'heure sus-désignée, un chariot attelé d'un cheval et conduit par un individu que nous avons reconnu pour être au service d'un S^r   , brasseur à   , rue   . Ledit chariot étant chargé de plusieurs fûts qui nous ont paru contenir de la bière, nous avons accosté ledit particulier , lui avons fait connaître nos qualités et l'avons sommé de nous produire les quittances justifiant le paiement du droit d'octroi pour les fûts dont il s'agit, dans le cas où ceux-ci contiendraient réellement de la bière. Ledit individu, qui nous a déclaré se nommer   et être au service du S^r   , brasseur, demeurant à   , rue   , s'est trouvé dans l'impossibilité de nous présenter la quittance du droit d'octroi pour la bière qu'il voiturait, et a ajouté que son maître avait sans doute oublié de lui remettre cette expédition. Le S^r   s'étant présenté sur ces entrefaites, nous lui avons fait part de ce qui précède ; et comme ledit n'a pas pu nous exhiber le titre dont il s'agit, nous l'avons prévenu que se trouvant en contravention aux articles   du règlement de l'octroi de   , approuvé par ordonnance royale du   , nous lui déclarions procèsverbal et saisie des   fûts renfermant ensemble   hectolitres de bière forte, ainsi reconnus avec le S^r   , après jaugeage et dégustation, et que nous avons estimés, d'accord avec le S^r   , à la somme de   , droit non compris.

(La fin de ce procès-verbal, ainsi que l'acte de notification et celui de l'affirmation, comme au n° 4.)

Introduction sans déclaration d'objets compris au tarif.

—

N° 7. — PROCÈS-VERBAL DU   184 .

Saisie de 30 kilogrammes de viande salée, au préjudice d'un sieur   , demeurant à

L'an mil huit cent, etc. (modèle n° 1), Certifions que cejourd'hui, sur les   heures du matin, nous trouvant tous de service à la barrière de   , nous avons vu arriver du dehors, pour entrer en ville à la même heure, un particulier conduisant une charrette attelée d'un cheval, et chargée de divers objets. Nous étant approchés

de cet individu que nous avons reconnu pour être le
S^r   , voiturier, demeurant à   ,
nous lui avons demandé, au moment où il franchissait
la barrière avec sa charrette sans s'arrêter, s'il n'avait
rien de sujet aux droits à nous déclarer; et, sur sa réponse qu'il n'avait absolument rien , nous l'avons
sommé d'arrêter son cheval, afin de nous mettre à
même de vérifier si sa charrette ne renfermait pas effectivement quelque objet compris au tarif. Ledit
s'est arrêté aussitôt. Nous étant donc mis en devoir
de procéder à notre vérification, nous avons trouvé,
en présence du S^r   , trente kilogrammes de
viande salée, cachés avec soin dans l'un des caissons
de la charrette, et qu'évidemment ledit
avait eu l'intention de soustraire à l'action du droit.
Ainsi donc, vu la contravention du S^r
aux articles   du règlement de l'octroi de   ,
approuvé par ordonnance royale du   ,
nous lui avons déclaré procès-verbal et saisie desdits
trente kilogrammes de viande salée, ainsi reconnus, en
présence du S^r   , à l'aide de notre romaine,
et que nous avons estimés, d'accord avec lui, à la
somme de   , droit non compris. (La fin de ce
procès-verbal comme au n° 1.)

(La notification, ou l'affiche, si le contrevenant n'habite
pas dans la commune où la saisie a été opérée, ainsi
que l'affirmation, comme au n° 1.)

Introduction à domicile, dans un lieu où la perception s'opère au bureau central.

—

N° 8. — PROCÈS-VERBAL DU   184 .

*Saisie de 37 hectolitres d'avoine, au préjudice du sieur   ,
demeurant à*

L'an mil huit cent, etc. (comme au n° 1),

Certifions que hier soir, sur les   heures, nous
trouvant tous en surveillance dans la rue
située dans le rayon, mais au-delà du bureau de l'octroi
qui porte le nom de   , nous avons aperçu une
voiture chargée de plusieurs sacs qui nous ont paru
contenir du grain, laquelle voiture était traînée par un
cheval et conduite par un individu que nous avons
reconnu pour être le S^r , propriétaire,
demeurant à   . Ledit s'étant arrêté avec sa
charrette devant la maison d'un S^r ,
s'est mis en mesure de la décharger. Voulant nous
assurer si les sacs ne renfermaient pas de l'avoine, nous
nous sommes approchés du voiturier au moment où il
en transportait un dans le domicile du S^r ;
et après lui avoir fait connaître nos qualités, nous
l'avons sommé de nous dire quelle était la nature de
l'objet renfermé dans les sacs. Ledit   ,
que notre présence a fortement surpris, nous a cependant avoué à l'instant que les sacs contenaient tous de
l'avoine, et a ajouté qu'il avait oublié de se munir de
la quittance d'octroi ; mais que son intention était
d'aller acquitter le droit au bureau central, après l'introduction de l'avoine dans le domicile du S^r .

Nous lui avons fait observer que c'était avant le déchargement qu'il aurait dû effectuer cette formalité essentielle, et l'avons prévenu, en outre, que se trouvant en contravention aux articles   du règlement de l'octroi de   , approuvé par ordonnance royale du   , nous lui déclarions procès-verbal et saisie, tant du sac d'avoine déjà introduit que des vingt-deux autres placés sur la charrette, formant ensemble la quantité de trente-sept hectolitres d'avoine, ainsi reconnus, en présence du S^r ·   , après mesurage à l'aide d'un hectolitre, et que nous avons estimés, du consentement du S^r   , à la somme modérée de   francs, droit non compris. Avons également saisi, mais seulement pour garantie de l'amende encourue, le cheval et la charrette, que nous avons estimés, toujours d'accord avec le S^r   , à la somme de   francs; lui avons offert main-levée de tous les objets saisis, moyennant caution solvable, ou consignation des amendes encourues et de la valeur de l'avoine ; ledit   nous ayant présenté pour caution le S^r   , demeurant à   , lequel s'est rendu volontairement garant et caution solidaire du S^r   , tant pour lesdites amendes que pour la valeur de l'objet saisi et les dépens, et a signé l'aval de garantie annexé au présent procès-verbal (1). Prévenant enfin lesdits et   sa caution, que la rédaction de notre procès-verbal devant avoir lieu le lendemain du courant, à   heures du matin, dans notre bureau de   , nous les sommions tous les deux d'y assister, à l'effet d'y faire insérer leurs dires, d'en enten-

---

(1) L'aval de garantie doit être rédigé sur une feuille de papier timbré, et doit être enregistré.

dre lecture et d'en recevoir copie. Et ledit jour, étant tous réunis au lieu indiqué, nous avons rédigé, en présence des S^rs   et   , notre dit procès-verbal; leur en avons donné lecture, avec sommation de le signer, ce qu'ils ont promis de faire. Clos le présent procès-verbal les susdits jour, mois et an qui figurent en tête du procès-verbal, à   heures du matin, et remis copie au S^r   (contrevenant), ainsi qu'au S^r   sa caution, qui a signé avec nous, ainsi que ledit

(Même acte d'affirmation qu'au n° 1.)

Fausse déclaration d'objets récoltés dans l'intérieur.

—

N°. 9. — PROCÈS-VERBAL DU   184 .

Saisie de 32 hectolitres d'avoine, au préjudice du sieur   , demeurant à

L'an mil huit cent, etc. (comme au n° 1),
Certifions que ce matin, sur les   heures, le S^r   étant venu dans notre bureau de   , a fait la déclaration prescrite par l'article   du règlement de l'octroi de cette ville, approuvé par ordonnance royale du   , et a déclaré avoir récolté cette année la quantité de cinquante-sept hectolitres d'avoine. Nous nous sommes rendus immédiatement au domicile du S^r   , situé rue   , n°   , où étant, et parlant à sa personne, nous l'avons sommé de nous conduire dans le local où devaient être

renfermés les cinquante-sept hectolitres mentionnés en sa déclaration susdite. Il nous a aussitôt fait l'ouverture d'une chambre placée au premier étage de sa maison, et où nous avons reconnu, après mesurage à l'aide d'un hectolitre, qu'il avait effectivement en sa possession cinquante-sept hectolitres d'avoine. Toutefois, soupçonnant avec quelque raison que cette quantité ne formait pas la totalité de sa récolte, nous l'avons invité à nous conduire dans les autres pièces de son domicile, et particulièrement dans une petite pièce située au-dessus de sa remise. Nous avons donc visité, toujours en présence du S^r   , les diverses parties de son habitation ; mais arrivés dans la pièce que nous lui avions signalée d'une manière plus spéciale, nous avons trouvé dans ce lieu une grande quantité d'avoine. Cette avoine n'ayant pas été comprise dans la déclaration primitive du S^r   , il était donc en contravention à l'article   du règlement déjà cité; nous lui en avons dès-lors déclaré la saisie. Ayant mesuré ladite avoine, toujours à l'aide de l'hectolitre, nous avons reconnu et fait reconnaître audit   qu'il existait dans cet entrepôt frauduleux trente-deux hectolitres d'avoine qu'évidemment ledit   avait tenté de soustraire à notre recensement, afin de frustrer la commune du droit qui lui est acquis. De concert avec ledit   , nous avons estimé les trente-deux hectolitres d'avoine à la somme de   francs, droit non compris, et les avons laissés à sa charge et garde, sur sa promesse juratoire de les représenter, ou la valeur estimative, à toute réquisition de justice. Et attendu que nos occupations ne nous permettaient pas de rédiger immédiatement notre procès-verbal, nous l'avons prévenu que sa rédaction aurait lieu aujourd'hui même, à   heures de

relevée, dans notre bureau de   , et l'avons
sommé d'y assister, etc., etc. (La fin de ce procès-verbal
comme au n° 4.)

(Le domicile du contrevenant se trouvant dans la ville
où la saisie a été opérée, les employés saisissants ne
peuvent pas, dans ce cas, se dispenser de lui en délivrer
copie. — Voir donc, pour la notification du procès-
verbal, celle qui figure au n° 4.)

(Même acte d'affirmation qu'au n° 1.)

Refus de laisser vérifier une voiture à l'entrée.

—

N° 10. — PROCÈS-VERBAL DU   184 ,

*Rédigé contre le sieur N.   , commissionnaire-chargeur à   ,
et contre le sieur   , son agent.*

L'an mil huit cent, etc. (comme au n° 1),

Certifions que ce matin, sur les   heures, étant
tous de service à la barrière de   , nous avons
vu venir, à la même heure, une voiture ou chariot
à quatre roues, attelé de deux chevaux, et appartenant
au S^r   , commissionnaire-chargeur, demeurant à   , rue   , et conduite par un
S^r   au service dudit Sr N.   .
Ledit S^r   (le nom du conducteur) ayant
franchi la barrière avec une certaine précipitation, et
ayant fouetté vigoureusement ses chevaux, nous a mis
dans l'impossibilité de l'arrêter à son passage pour
entrer dans   . Néanmoins, nous l'avons sommé

à haute et intelligible voix de s'arrêter, afin de nous laisser procéder à notre vérification. Ledit
n'a fait aucun cas de cette sommation, et la voiture a continué sa course avec rapidité. Nous trouvant dans l'impossibilité de l'atteindre, malgré tous nos efforts, nous avons déclaré au S^r , ainsi qu'au Sr N.   , comme responsable des actions de son agent, procès-verbal de son opposition à l'exercice de nos fonctions; ledit   (le nom du conducteur) a continué sa route et a même prononcé quelques paroles qui nous ont paru injurieuses, mais que nous n'avons pas pu entendre distinctement, attendu le bruit du chariot. Nous étant transportés instantanément au domicile du Sr N.   , situé comme cela a été dit, nous y sommes arrivés peu de temps après la voiture, mais néanmoins pas assez vite pour empêcher le Sr N.   et son agent de nous soustraire quelques objets soumis aux droits, dans le cas où la la voiture en aurait contenu. Toutefois, nous avons vérifié avec une minutieuse attention les divers *colis* qui se trouvaient dans la voiture, et n'y ayant rien découvert de sujet aux droits, nous n'avons pas moins déclaré de nouveau audit Sr N.   qui est intervenu sur ces entrefaites, et auquel nous avons fait part de ce qui précède, ainsi qu'au S^r son agent, procès-verbal de son opposition à l'exercice de nos fonctions, conformément à l'article   du règlement de l'octroi de   , approuvé par ordonnance royale du   ; et attendu que nos occupations ne nous permettaient pas de rédiger, etc., etc. (La fin de ce procès-verbal, ainsi que la notification et l'affirmation, comme au n° qui précède celui-ci, à l'exception cependant qu'il faudra délivrer deux copies, attendu qu'il

existe deux contrevenants : *le maître*, comme responsable des actions de son agent, en ce qui concerne le paiement de l'amende ; et *le dernier*, comme devant encourir une peine corporelle pour le fait de son opposition.)

Refus par un entrepositaire de laisser pénétrer dans son domicile les préposés de l'octroi, et introduction frauduleuse.

—

N° 11. — PROCÈS-VERBAL DU   184 .

Refus d'exercice et saisie de 58 kilogrammes de viande fraîche introduits frauduleusement, le tout au préjudice du sieur   , boucher, demeurant à

L'an mil huit cent, etc.   (comme au n° 1),

Certifions qu'étant en tournée à l'effet de procéder à des recensements chez les bouchers de notre ville, soumis à nos exercices, nous nous sommes présentés ce matin, sur les   heures, chez le S^r   , boucher et éleveur de bestiaux, demeurant à   , rue   , n°   , où étant, et parlant à lui-même, nous lui avons fait connaître le but de notre visite. Ledit   nous a laissé opérer sans obstacle le recensement de la viande qui existait dans sa boutique, laquelle viande nous avons trouvée, pour la quantité, en concordance avec les charges établies sur notre portatif ; mais désirant en même temps procéder à une visite de ses écuries et autres lieux pouvant receler des bestiaux compris au tarif, a répondu que ses occupations ne lui permettaient pas de satisfaire à notre demande, et nous a dit de revenir un autre jour. Nous lui avons fait observer que nous ne pouvions pas renvoyer notre vérification, et l'avons sommé une seconde fois de nous conduire dans les diverses parties de son domicile. Ledit   persistant dans son refus, nous lui avons déclaré, conformément à l'article du règlement de l'octroi de   , approuvé par ordonnance royale du   , procès-verbal pour refus d'exercice; et ayant requis aussitôt M.   , commissaire de police du quartier de   , dont le réquisitoire est transcrit en tête du présent (voir la formule du réquisitoire qui figure au n° 5), et auquel il a obtempéré, nous avons pénétré de nouveau, accompagnés de M. le Commissaire de police, dans le domicile du S^r   qui, sur la sommation de ce magistrat, a ouvert les portes des diverses écuries renfermant les bestiaux : ayant procédé à leur recensement, nous avons trouvé que le nombre était conforme à celui inscrit sur notre portatif; mais apercevant dans le fond de l'une des étables une grande caisse couverte par de la paille, nous l'avons ouverte, toujours en présence de M. le Commissaire de police et du S^r   , et avons trouvé dans l'intérieur cinquante-huit kilogrammes de viande fraîche de bœuf, qui n'étaient pas portés en charge à notre portatif, et qu'évidemment ledit   avait introduits frauduleusement dans son domicile. Avons déclaré audit   saisie de ladite viande, ainsi reconnue, en sa présence, à l'aide d'une romaine, et que nous avons estimée, d'accord avec lui, à la somme de   francs, droit non compris. Toutefois, attendu la solvabilité dudit S^r   , nous lui en avons donné main-levée, sur sa promesse juraloire de la représenter, ou la valeur estimative, à toute réquisition de justice. Ainsi donc, vu la contravention dudit   à l'article déjà cité pour le fait de son refus d'exercice, et à l'article   du même règlement, pour celui de l'introduction frauduleuse que nous venions de constater, nous lui avons réitéré notre déclaration de procès-verbal pour les deux contraventions à sa charge, et l'avons prévenu que nos occupations ne nous permettant pas de rédiger immédiatement cet acte, sa rédaction aurait lieu aujourd'hui même, etc., etc. (La fin, ainsi que la notification et l'affirmation, comme au n° 4.)

Opposition à l'exercice des employés, rébellion, voies de fait et fraude au droit d'octroi.

—

N° 12. — PROCÈS-VERBAL DU   184 .

Rébellion, voies de fait, et saisie de 24 kilogrammes de viande salée, au préjudice du sieur   , propriétaire, demeurant à

L'an mil huit cent   (comme au n° 1),
Certifions qu'étant, sur les   heures du matin, dans l'exercice de nos fonctions à la barrière de   ,
nous avons vu venir du dehors un individu conduisant une charrette attelée d'un cheval et chargée de divers objets. Nous étant approchés de ce conducteur que nous avons reconnu pour être le S^r   , propriétaire, demeurant à   , département d   ,

nous l'avons interpellé de nous déclarer si sa charrette contenait quelque objet soumis au droit d'octroi : ledit a répondu négativement. Voulant nous convaincre de la sincérité de sa réponse, nous nous sommes mis en devoir de procéder à la visite du chargement ; mais au même instant ledit S^r   s'est jeté sur nous comme un furieux et a brusquement repoussé l'un de nous, le S^r   , qui était déjà monté sur le devant de la charrette. Cependant notre vérification devant avoir lieu, nous avons sommé ledit de nous laisser procéder à cette vérification. Le S^r   s'y est constamment refusé, et nous menaçant de son fouet en disant que nous n'étions que.... (transcrire ici littéralement les propos et les injures du contrevenant), il a fait partir sa charrette avec précipitation. Ayant couru après lui, nous sommes parvenus, après beaucoup d'efforts, à arrêter la charrette ; mais aussitôt le S^r   a asséné un coup du manche de son fouet sur la tête de l'un de nous, le S^r   , et serait parvenu à nous échapper, si la garde que nous avions envoyée chercher n'était pas intervenue pour nous prêter main-forte. Ayant reconduit le S^r   devant notre barrière, nous avons vérifié enfin le contenu de son chargement, et avons trouvé, dans une grande corbeille en osier, quatre jambons que certainement ledit   voulait soustraire à l'acquittement du droit d'octroi. Ayant pesé, à l'aide de notre romaine, les quatre jambons dont il s'agit, nous avons reconnu et fait reconnaître audit S^r   qu'ils pesaient ensemble vingt-quatre kilogrammes de viande salée, que nous avons estimés, d'accord avec lui, à la somme de   francs, droit non compris. Avons également saisi, mais seulement pour garantie de l'amende encourue, le cheval et la charrette que nous avons estimés, toujours d'accord avec le S^r   , à la somme de   francs. Lui avons offert main-levée de tous les objets saisis, moyennant caution solvable, ou le versement d'une somme de   représentant l'amende et la confiscation ; mais ledit s'étant trouvé dans l'impossibilité de satisfaire ni à l'une ni à l'autre de ces conditions, nous avons remis les vingt-quatre kilogrammes de viande salée entre les mains du S^r   (nom et qualités du gardien), qui a promis de les représenter à toute réquisition de justice, et avons conduit le cheval et la charrette chez le S^r   , aubergiste, qui a promis de les garder et de les représenter à première réquisition de justice. Prévenant enfin le S^r   que la rédaction, etc., etc. (La fin de ce procès-verbal, l'acte de l'affiche, si le contrevenant n'habite pas la ville dans laquelle la contravention a été constatée, ainsi que celui de l'affirmation, comme au n° 1.)

MODÈLES DE PROCÈS-VERBAUX

CONCERNANT UNE SAISIE

EN MATIÈRE DE CONTRIBUTIONS INDIRECTES ET D'OCTROI.

(Saisie commune aux deux services.)

CHAPITRE II.

Fraude aux droits d'entrée et d'octroi.

N° 1. — PROCÈS-VERBAL DU   184 .

*Saisie de 210 litres de vin , au préjudice du sieur   ,
demeurant à*

L'an mil huit cent   , le   , à   heures de
relevée, à la requête de M. le Conseiller d'Etat, directeur général de l'administration des Contributions indirectes, dont le bureau central est à Paris, rue de Rivoli,
hôtel des Finances, et de M. le Maire de la commune
de   , y demeurant, rue   , n.   , poursuites
et diligences de M.   , directeur desdites Contri-

butions dans le département d   , demeurant à   , rue   , n.   (1), lequel fait élection de domicile, pour la suite du présent, chez M.   ,
directeur pour l'arrondissement de   , demeurant
audit lieu (2), rue   , n.   ; Nous soussignés,
(nom, prénoms et qualités de chacun des employés),
tous employés de l'octroi de   , y demeurant,
ayant serment en justice et porteurs de notre commission, certifions que ce matin, sur les   heures, nous
trouvant tous de service à la barrière de   ,
s'est présenté à la même heure, pour entrer en ville, un
S^r   , voiturier, demeurant à   , lequel
conduisait une charrette attelée d'un cheval et chargée
de paille. L'ayant arrêté au moment où il venait de
franchir la barrière, nous lui avons fait connaître nos
qualités, et lui avons demandé s'il avait sur sa charrette
quelque objet passible des droits : ledit nous a répondu
négativement. Voulant nous assurer si sa déclaration
était l'expression de la vérité, nous avons introduit
notre grande sonde dans l'intérieur du chargement, et
ayant trouvé un corps résistant, nous avons demandé
au S^r   de nous expliquer cet incident. Ce voiturier nous a alors avoué qu'il avait sur sa charrette une
pièce de vin pour laquelle il ne s'était pas muni de quittance des droits d'entrée et d'octroi, mais qu'il était

(1) Lorsque le procès-verbal est rédigé dans l'arrondissement du
chef-lieu du département, il faut mettre : *où il fait élection de
domicile pour la suite du présent*, au lieu de dire : lequel fait
élection de domicile, pour la suite du présent, chez M.   ,
directeur, etc.

(2) Lorsque le Directeur ne réside pas au chef-lieu de l'arrondissement, il faut mettre : demeurant à

porteur d'un congé, qu'il nous a effectivement exhibé à l'instant. Ayant enlevé la paille qui couvrait ladite pièce, nous l'avons découverte au fond de la charrette; l'ayant jaugée, et dégusté le liquide, en présence dudit, nous avons constaté qu'elle contenait deux cent dix litres de vin d'une bonne qualité. Ainsi donc, vu la contravention du S^r   à l'article 24 de la loi du 28 avril 1816, et à l'article   du règlement de l'octroi de   , approuvé par ordonnance royale du   , nous lui avons déclaré procès-verbal et saisie desdits deux cent dix litres de vin, reconnus comme cela a été dit, et que nous avons estimés, d'accord avec le S^r   , à la somme de   francs, droits non compris. Nous l'avons en outre prévenu que, pour sûreté des deux amendes encourues, nous saisissions également sa charrette et son cheval, que nous avons estimés, toujours d'accord avec lui, à la somme de   francs. Toutefois, attendu que ledit a versé à titre de consignation provisoire une somme de quatre cents francs, et attendu d'ailleurs, etc., etc.. (La fin de ce procès-verbal, l'acte de l'affiche ou de la notification, ainsi que celui de l'affirmation, comme au n° 1 du chapitre Ier. Si cependant le contrevenant refusait de consigner les deux amendes (maximum 400 francs), et qu'il voulût donner une caution, il faudrait recourir au *modèle n°* 8 du chapitre Ier. Si le contrevenant refusait enfin de *consigner* et de *donner caution,* on se servirait, dans ce troisième cas, de la fin du *modèle n°* 12 du chapitre Ier.)

Fraude aux droits de consommation, d'entrée et d'octroi.

—

N° 2. — PROCÈS-VERBAL DU   184 .

Saisie de 75 litres d'esprit à 86 degrés centésimaux, au préjudice du sieur   , demeurant à

L'an mil huit cent   (comme au modèle n° 1 du chapitre II), Certifions qu'étant dans l'exercice de nos fonctions à la barrière de   , nous avons vu venir du dehors, sur les   heures du matin, un S^r   , conducteur de voitures publiques, demeurant à   . Ce particulier nous ayant été signalé, par une personne que nous avons fait connaître à M. le Directeur avant la saisie (1), comme se livrant habituellement à la fraude, nous avons dû épier plus particulièrement ses démarches. En effet, ledit   , qui conduisait une voiture à quatre roues, attelée de deux chevaux, a franchi avec une certaine précipitation notre barrière. L'ayant cependant arrêté, nous l'avons prévenu que nous désirions faire la visite de sa voiture, afin de nous assurer si elle ne renfermait aucun objet soumis aux droits. Ledit a paru vivement contrarié de notre demande, et vraisembla-

(1) Toutes les fois qu'une saisie a lieu par suite d'*indication*, il ne faut pas oublier cette phrase dans le procès-verbal ; car l'administration des Contributions indirectes pourrait ne pas faire figurer l'indicateur dans la répartition, puisque rien ne lui ferait connaître que c'est par suite d'une indication que la saisie a été opérée.

blement aurait pris la fuite si l'un de nous ne l'avait
saisi au collet au moment où il se disposait à partir.
Ayant fait la visite de la voiture, nous avons trouvé
dans le coffre de devant une grande boîte en fer-blanc
que nous avons ouverte à l'instant, et avons reconnu
avec le S^r qu'elle contenait de l'esprit
bon goût. Sommé ledit de nous représenter l'expédition
de la régie des Contributions indirectes dont il devait
être porteur, ledit S^r a répondu qu'il ne s'en était
pas muni. Ainsi donc, vu la contravention du S^r
aux articles 1, 6 et 24 de la loi du 28 avril 1816, et à
l'article   du règlement de l'octroi de   ,
approuvé par ordonnance royale du   ,
nous lui avons déclaré procès-verbal et saisie des
soixante-quinze litres d'esprit à 86 degrés centésimaux,
ainsi reconnus avec le S^r , après mesurage
et au moyen de l'alcoomètre centésimal et du thermomètre centigrade, et que nous avons estimés, d'accord
avec le S^r , à la somme modérée de
francs, droits non compris. Lui avons offert main-levée
du susdit liquide moyennant le dépôt de ladite somme,
ou bien de nous fournir une caution solvable; mais
ledit   s'étant trouvé dans l'impossibilité d'accomplir
l'une ou l'autre de ces deux conditions, nous avons
remis les soixante-quinze litres d'esprit entre les mains
de M.   , receveur de l'octroi, lequel s'en
est chargé, avec promesse de les représenter à toute
réquisition de justice. Nous avons de plus déclaré audit   qu'en vertu des articles 17 et 27 de la
loi du 28 avril 1816, déjà citée, nous saisissions également sa voiture et son cheval pour sûreté des amendes
qu'il avait encourues; mais qu'il pourrait en obtenir
main-levée moyennant caution solvable, ou consigna-

tion des deux amendes. Ledit ayant fait encore cette fois la même réponse que ci-dessus, nous avons déposé le cheval et la charrette, après les avoir estimés, le premier à   francs, et l'autre objet à   francs, entre les mains du sieur   qui s'en est constitué gardien moyennant le prix de   francs par jour; et lui avons déclaré qu'en vertu des articles 222 de la loi du 28 avril 1816 et 9 de celles des 29 mars 1832 et 24 mai 1834, nous allions le constituer prisonnier et le conduire devant un juge compétent qui aurait à prononcer sur la validité de son arrestation. Avons aussitôt rédigé notre présent procès-verbal dans le susdit bureau de la barrière de   , en présence dudit   , auquel nous en avons donné lecture avec sommation de le signer, ce qu'il a   . Clos ledit acte les jour, mois et an qui figurent en tête du procès-verbal, à   heures du matin. Avons remis copie audit, et avons signé.

(Même acte d'affirmation qu'aux modèles qui précèdent.)

Fraude aux droits de consommation, d'entrée et d'octroi, à l'aide de vessies placées sous les vêtements.

—

N° 3. — PROCÈS-VERBAL DU   184 .

Saisie de 11 litres d'esprit à 86 degrés centésimaux, au préjudice du sieur   , sans profession ni domicile.

L'an mil huit cent   , le   , (comme au modèle n° 1 du chapitre IIme), Certifions que ce

matin, sur les   heures, nous trouvant tous de service
à la barrière de   , s'est présenté pour entrer en
ville, à la même heure, un individu que nous avons
reconnu pour être le S^r   , sans profession
ni domicile connus, et dont la principale industrie est de
se livrer à la fraude. La démarche embarrassée de ce
particulier nous ayant fait penser qu'il avait sous ses
vêtements quelque objet passible des droits, nous l'a-
vons arrêté au moment où il venait de franchir la barrière, et lui ayant adressé les sommations d'usage, ledit
a cherché à prendre la fuite; mais l'ayant fait entrer
dans notre bureau, nous l'avons prévenu que nous
allions le conduire devant le Commissaire de police du
quartier, afin de prier ce magistrat de procéder à la
visite de sa personne. Ledit   , voyant alors
que toute résistance était impossible, s'est empressé de
sortir de dessous ses vêtements sept vessies remplies
d'esprit, et s'est trouvé dans l'impossibilité de nous produire un titre de mouvement pour justifier la circulation de ce liquide. Ainsi donc, vu sa contravention aux
articles 1, 6 et 24 de la loi du 28 avril 1816, et à l'article   du règlement de l'octroi de   ,
approuvé par ordonnance royale du   , nous lui
avons déclaré procès-verbal et saisie des onze litres
d'esprit à 86 degrés centésimaux, contenus dans les
sept vessies, ainsi reconnus avec lui, après mesurage et
à l'aide de notre alcoomètre centésimal et du thermomètre centigrade, et que nous avons estimés, d'accord
avec le S^r   , à la somme de   ,
droits non compris. Lui avons offert main-levée dudit
liquide saisi, moyennant caution solvable, ou le versement de la somme de deux cents francs, montant des
deux amendes encourues; mais ledit

n'ayant pu satisfaire ni à l'une ni à l'autre de ces deux conditions, nous avons déposé entre les mains de M.   , receveur au susdit bureau, et l'un de nous, les onze litres d'esprit saisis, sur sa promesse de les représenter à toute réquisition de justice ; et avons prévenu en outre ledit, qu'en vertu des articles 222 de la loi du 28 avril 1816 et 9 de celles des 29 mars 1832 et 24 mai 1834, nous allions le constituer prisonnier et le conduire devant un juge compétent qui aurait à prononcer sur la validité de son arrestation. (Pour la fin, voir le modèle n° 2 qui précède.)

Fraude aux droits de consommation, d'entrée et d'octroi, à l'aide de vases prohibés.

(Voiture publique dite Omnibus.)

—

N. 4. — PROCÈS-VERBAL DU   184 .

Saisie de 15 litres d'esprit à 86 degrés centésimaux, au préjudice de la femme   , ouvrière sans ouvrage.

L'an mil huit cent   (comme au modèle n° 1 du chapitre II), Certifions que ce matin, sur les heures, étant tous de service à la barrière de   s'est présentée à la même heure, pour entrer en ville, une voiture publique desservant la route de   à   , conduite par un S^r   , demeurant à   , et appartenant à un S^r   , demeurant à   , rue   , n°   . Ayant demandé au conducteur, ainsi qu'aux voyageurs qui étaient dans la voiture, s'ils avaient quelque objet passible des droits à nous déclarer , tous ont répondu négativement; mais apercevant, dans le fond de ladite voiture , une femme dont la rotondité nous a paru suspecte, et dont les vêtements exhalaient une forte odeur d'esprit, nous l'avons sommée de descendre de la voiture et d'entrer dans notre bureau de recette. Ladite y ayant consenti, a sorti de dessous ses jupes huit vessies adaptées à un corset en toile et renfermant de l'esprit. Ladite, qui a déclaré se nommer   , ouvrière sans ouvrage et demeurant chez le S^r   , logeur, rue   , n°   , n'ayant pas pu nous produire un titre de mouvement pour justifier la circulation des quinze litres d'esprit contenus dans les huit vessies, nous l'avons prévenue que, se trouvant en contravention aux articles 1, 6 et 24 de la loi du 28 avril 1816 et à l'article   du règlement de l'octroi de   , approuvé par ordonnance royale du   , nous lui déclarions procès-verbal et saisie des quinze litres d'esprit bon goût à 86 degrés centésimaux, ainsi reconnus avec ladite femme   , après mesurage et pesage au moyen de l'alcoomètre centésimal et du thermomètre centigrade, et que nous avons estimés, d'accord avec elle, à la somme de   francs, droits non compris. (La fin comme au modèle n° 3 qui précède.)

Fraude aux droits de consommation, d'entrée et d'octroi, par escalade.

—

N° 5. — PROCÈS-VERBAL DU   184 .

Saisie de 87 litres d'eau-de-vie à 50 degrés centésimaux, au préjudice des sieurs   et   , sans profession ni domicile connus.

L'an mil huit cent   (comme au modèle n° 1 du chapitre IIme), Certifions que cette nuit, sur les   heures du matin, étant dans l'exercice de nos fonctions, et nous trouvant embusqués dans une haie vive placée au bas des remparts qui entourent la ville, nous avons entendu marcher plusieurs individus; et aussitôt l'un d'eux, s'étant arrêté, a jeté par-dessus le mur quelque chose qui nous a paru être une échelle de corde, car il s'en est servi à l'instant pour monter audessus des remparts. Arrivé là, il a tiré à lui un corps volumineux qu'une autre personne avait attaché à la corde dont le bout était tenu par l'individu placé sur les remparts; et nous avons vu celui-ci faire descendre de l'autre côté du mur, en dedans de la ville, l'objet dont il s'agit. Une pareille manœuvre nous indiquant suffisamment que nous étions en présence de fraudeurs, et que l'objet déjà introduit par escalade devait être un liquide sujet aux droits, ou peut-être quelque comestible porté aussi au tarif de l'octroi, deux de nous, les S^rs   et   , nous ont

quittés instantanément et ont été faire le tour du mur. Cette manœuvre a parfaitement réussi : deux des fraudeurs sont tombés entre nos mains, et nous nous sommes emparés aussi d'un sac renfermant trois boîtes en fer-blanc et cinq vessies, le tout rempli d'eau-de-vie. Ayant détaché l'échelle de corde qui était restée appliquée au mur, nous avons transporté le tout dans notre bureau de   , où étant, nous avons sommé les deux individus arrêtés de nous déclarer leurs nom, prénoms, profession et demeure : ont répondu se nommer   .
Ayant ouvert le sac saisi, nous en avons extrait les trois boîtes en fer-blanc et les cinq vessies, contenant ensemble quatre-vingt-sept litres d'eau-de-vie à 50 degrés centésimaux, ainsi que nous l'avons reconnu en présence des S^{rs} et   , par le mesurage et pesage à l'aide de notre alcoomètre centésimal et du thermomètre centigrade. Sommé lesdits de nous représenter les expéditions de la régie des Contributions indirectes dont ils devaient être porteurs, ont répondu ne point en avoir. Ainsi donc, vu leur contravention manifeste aux articles 1, 6 et 24 de la loi du 28 avril 1816, et à l'article   du règlement de l'octroi de   , approuvé par ordonnance royale du   , nous leur avons déclaré procès-verbal et saisie desdits quatre-vingt-sept litres d'eau-de-vie, que nous avons estimés de gré à gré avec eux à la somme de   , droits non compris. Prévenant lesdits que ce liquide serait remis entre les mains de M.   , receveur du susdit bureau, lequel s'en est effectivement chargé, et a promis de le représenter à toute réquisition de justice. Nous avons de plus déclaré auxdits   et

qu'en vertu des articles 19 et 46 de la loi précitée, et de l'article 9 de la loi du 24 mai 1834, chacun d'eux avait encouru, outre la confiscation, deux amendes, dont le maximum est de 800 francs, une peine correctionnelle de six mois de prison, et qu'en conséquence nous allions les faire conduire devant M.   ,
procureur du roi, à qui serait remise aussi l'échelle de corde pour démontrer la fraude par escalade commise par eux. De tout quoi nous avons dressé notre procès-verbal, à   heures du matin, dans le bureau sus-désigné, en présence des Sʳˢ   et   ; leur en avons donné lecture à tous les deux, avec sommation de le signer, ce qu'ils ont refusé, attendu qu'ils ont déclaré ne pas savoir écrire. Clos ledit procès-verbal les jour, mois et an qui figurent en tête du présent, à   heures du matin ; et en avons remis copie à chacun desdits   et   , après avoir signé avec M.   , receveur, gardien du liquide saisi.

Et de suite est intervenu M.   , commissaire de police du quartier de   , assisté de   hommes de garde. Nous lui avons remis les deux individus arrêtés, ainsi qu'une copie du procès-verbal et l'échelle de corde. Ledit ayant pris l'engagement d'écrouer les deux contrevenants à la prison de la ville et de déposer l'échelle de corde au greffe du tribunal, a signé avec nous pour sa charge et garde.

Fait à   , les jour, mois et an que dessus.

Fraude aux droits de consommation, d'entrée et d'octroi, en escaladant un glacis qui borde une rivière.

—

N° 6. — PROCÈS-VERBAL DU   184 .

Saisie fictive de 45 litres d'esprit, au préjudice du sieur   ,
demeurant à

L'an mil huit cent   , le   ,
à deux heures de relevée (comme au n° 1 du IIme chapitre), Certifions que cette nuit, sur les une heure du matin, nous trouvant tous de service extraordinaire sur les bords de la rivière qui baigne la ville, et qui sert de limite pour les droits d'entrée et d'octroi, nous avons aperçu, à la même heure, un petit batelet qui descendait le fleuve et se dirigeait vers le glacis. Soupçonnant avec quelque raison que ce batelet, qui était conduit par trois hommes, pourrait bien transporter quelques objets passibles des droits, nous nous sommes embarqués instantanément, et nous nous sommes mis à à la poursuite dudit batelet. Les fraudeurs, qui avaient quelques pas devant nous, ont abordé avec précipitation la rive opposée, et, avant que nous ayons pu y mettre obstacle, ont eu le temps de jeter une échelle de corde sur le glacis et d'introduire dans la ville chacun un petit baril de forme frauduleuse. Les ayant cependant atteints tous les trois sur le quai, une lutte opiniâtre s'est engagée entre les introducteurs et nous ; mais il nous a été impossible de nous rendre maîtres du

liquide, et il a fallu céder à la force. Toutefois, ayant reconnu parmi eux un S^r   , contrebandier de profession, demeurant à   , nous lui avons déclaré, à haute et intelligible voix, conformément aux articles 1, 6 et 24 de la loi du 28 avril 1816, et à l'article   du règlement de l'octroi, approuvé par ordonnance royale du   , procès-verbal et saisie fictive du baril qu'il avait sur le dos, lequel baril, de la contenance de quarante-cinq litres environ, était rempli d'esprit, ainsi que nous l'avons reconnu par l'odeur qu'il exhalait et par le suintement des douves. Avons estimé d'office les quarante-cinq litres d'esprit à la somme de   francs; et, attendu que nos occupations ne nous permettaient pas de rédiger immédiatement notre procès-verbal, nous avons renvoyé sa rédaction à aujourd'hui même, à deux heures de relevée, dans notre bureau central, situé à l'Hôtel-de-Ville; mais il nous a été impossible de faire au contrevenant la sommation de s'y trouver, attendu que ledit avait pris précipitamment la fuite. Et étant tous réunis au lieu indiqué, nous avons rédigé, en l'absence dudit S^r   , notre dit procès-verbal, et avons clos le susdit acte, les jour, mois et an qui sont inscrits en tête du procès-verbal, à trois heures du soir, nous réservant de le notifier au S^r   , ou, si besoin l'exige, de l'afficher à la porte de la mairie de   ; et avons signé.

Acte de notification.

L'an mil huit cent, etc. (comme au n° 4 du chapitre Ier).

(Même acte d'affirmation qu'au n° 1 du chapitre Ier.)

N. B. Il est bon d'expliquer ici que le procès-verbal qui précède sort des règles ordinaires , attendu que le liquide n'a pas pu être reconnu par suite de l'opposition des contrevenants ; mais la loi ne veut pas l'impossible, et, lorsqu'il est bien démontré aux juges que les faits qui sont rapportés dans le procès-verbal sont réellement l'expression de la vérité , il est rare que les tribunaux ne condamnent pas le contrevenant à l'amende et à la confiscation.

Si , au lieu d'avoir échappé aux saisissants, les contrevenants avaient été arrêtés , les employés devraient, dans ce cas , procéder comme dans l'affaire qui précède , puisque la fraude aurait été commise par escalade. (Voir le modèle n° 5 du chapitre II°.)

Expédition inapplicable au chargement.
Différence en plus à l'entrée.

—

N° 7. — PROCÈS-VERBAL DU   184 .

Saisie de 12 hectolitres 50 litres de vin, au préjudice du sieur   , voiturier, demeurant à   , département d

L'an mil huit cent   (comme au modèle n° 1 du chapitre II°),

Certifions que ce matin, sur les   heures, nous trouvant tous de service à la barrière de   ,
s'est présenté à la même heure, pour entrer en ville,

un S^r   voiturier, demeurant à   ,
département d   , lequel conduisait une charrette attelée de deux chevaux et chargée de cinq fûts,
qu'il nous a dit contenir du vin. Ledit   ,
nous ayant exhibé un acquit-à-caution sous le n°
du bureau de   , que nous annexons au présent procès-verbal, après l'avoir paraphé *ne varietur*,
lequel titre stipulait la quantité de dix hectolitres cinquante litres de vin rouge, nous avons jaugé, en présence dudit S^r   , les cinq fûts dont il s'agit,
et avons trouvé que la quantité réelle s'élevait à douze
hectolitres cinquante litres, opération qui a fait ressortir
un excédant de deux hectolitres de vin, et a rendu inapplicable au chargement le titre précité. Le S^r   ,
qui a reconnu la sincérité de cette opération, a allégué
pour sa justification que sans doute le receveur buraliste
avait commis une erreur, ou bien que l'expéditeur du
vin ne connaissait pas la contenance de ses fûts. Sans
nous arrêter aux dires du S^r   , que nous
n'étions pas d'ailleurs appelés à apprécier, nous l'avons
prévenu que se trouvant en contravention aux articles
1, 6 et 24 de la loi du 28 avril 1816, et aux articles
        du règlement de l'octroi de
approuvé par ordonnance royale du
nous lui déclarions procès-verbal et saisie des douze
hectolitres cinquante litres de vin, ainsi reconnus avec
le S^r   après jaugeage et dégustation, comme
cela a été dit, et que nous avons estimés, d'accord avec
lui, à la somme de   , droits non compris.
Avons également saisi, mais seulement pour garantie
des amendes encourues, les deux chevaux et la charrette
que nous avons estimés, toujours d'accord avec le
S^r   , à la somme de   francs.

Toutefois, attendu que ledit a versé, à titre de consignation provisoire, une somme de
que nous avons inscrite immédiatement au registre K (bis), et attendu d'ailleurs que sa solvabilité est parfaitement connue de nous tous, nous lui avons donné main-levée du liquide saisi, ainsi que des moyens de transport, sur sa promesse juratoire de représenter le tout, ou la valeur estimative, à toute réquisition de justice. Ledit s'étant muni, ensuite, d'un nouvel acquit-à-caution, sous le n°   , au bureau de
ainsi que d'un passe-debout sous le n°   , a continué sa route ; mais, avant son départ, nous l'avons prévenu que la rédaction de notre procès-verbal devant avoir lieu aujourd'hui même, etc., etc. (La fin de ce procès-verbal, l'acte d'affiche ou de notification, ainsi que l'acte d'affirmation, comme au n° 1 du chapitre Ier.)

Fraude aux droits d'entrée et d'octroi, en substituant dans l'intérieur un liquide à un autre.

—

N° 8. — PROCÈS-VERBAL DU   184 .

Saisie de   hectolitres   litres de vin, au préjudice du
sieur   , marchand de vin en gros, demeurant à

L'an mil huit cent   (comme au modèle n° 1 du chapitre IIe),

Certifions que hier soir, sur les   heures, nous trouvant tous de service à la barrière de   , s'est présenté à la même heure , pour entrer en ville, un S^r   , marchand de vin en gros, demeurant à   , lequel conduisait une charrette attelée d'un cheval et chargée de trois fûts de vin. Ledit étant entré dans notre bureau de recette, a exhibé un acquit-à-caution n°   du bureau de   , que nous annexons au présent procès-verbal, lequel titre exprimait la quantité de   hectolitres litres de vin à la destination de   , et nous a demandé un passe-debout à l'effet de traverser la ville. Ayant reconnu les trois fûts dont il s'agit, et les ayant trouvés conformes en tout point au libellé de l'acquit-à-caution produit par le S^r   , nous les avons marqués de deux ronds de notre *rouanne*, et avons délivré au S^r   un passe-debout sous le n°   . Ledit, ayant consigné les droits d'entrée et d'octroi sur la quantité introduite, est parti aussitôt avec sa charrette ; mais soupçonnant qu'il pourrait se livrer dans l'intérieur à quelque manœuvre frauduleuse, nous l'avons suivi à une grande distance, mais de manière cependant à ne pas perdre de vue son chargement; et arrivé dans la rue   , devant la boutique d'un tonnelier, le S^r   s'est empressé de décharger les trois fûts, et, aidé par le S^r   , tonnelier, a rechargé sur sa charrette trois autres fûts qu'il a pris dans la boutique de ce dernier. Nous étant présentés à lui au moment où il plaçait sur la charrette le dernier fût, nous lui avons fait connaître nos qualités, et lui avons demandé les expéditions pour les trois fûts qui étaient à terre, ainsi que pour les trois qui étaient sur la charrette. Ledit nous a exhibé le même acquit-à-caution qu'il nous avait présenté déjà à la barrière d'entrée ; mais attendu que cette expédition ne pouvait nullement s'appliquer aux six fûts qui étaient devant nous, nous avons prévenu le S^r   qu'ayant substitué dans l'intérieur un liquide à un autre, nous lui déclarions, conformément aux articles 1, 6, 14 et 24 de la loi du 28 avril 1816, et aux articles   du règlement de l'octroi de   , approuvé par ordonnance royale du   , procès-verbal et saisie des trois fûts qui étaient sur la charrette, contenant ensemble   hectolitres   litres de vin d'une qualité tellement inférieure qu'il était douteux qu'ils pussent être livrés à la consommation, ainsi que des trois autres fûts renfermant aussi   hectolitres   litres de vin, celui-ci bon, franc et marchand ; le tout ainsi reconnu, après jaugeage et dégustation, en présence du S^r   qui a dégusté le liquide avec nous, et que nous avons estimés, les premiers trois fûts à la somme de   , et les trois autres à celle de

(Si le contrevenant consigne l'amende, il faudra recourir pour la fin de ce procès-verbal, pour l'acte de l'affiche ou de la notification, ainsi que pour l'acte de l'affirmation, au modèle n° 3 du chapitre Ier ; s'il donne caution, comme au modèle n° 8 du chapitre Ier ; et enfin s'il ne peut ni consigner, ni donner une caution solvable, il faudra recourir au modèle n° 12 du chapitre Ier.)

Fraude aux droits d'entrée, d'octroi et de consommation, par des inconnus.

—

N° 9. — PROCÈS-VERBAL DU   184 .

Saisie de 54 litres d'esprit à 85 degrés centésimaux, au préjudice d'inconnus.

L'an mil huit cent   (comme au modèle n° 1 du chapitre IIe),

Certifions que cette nuit, sur les onze heures du soir, nous trouvant tous en surveillance près des remparts qui entourent la ville, nous avons vu, à la même heure, trois individus qui cherchaient à escalader lesdits remparts, portant chacun un sac sur leur dos. Soupçonnant que lesdits sacs devaient contenir quelques objets passibles des droits, nous nous sommes approchés desdits particuliers ; mais lesdits nous ayant aussitôt aperçus, ont pris précipitamment la fuite en abandonnant les trois sacs dont il s'agit. Les ayant poursuivis, il nous a été impossible de les arrêter ; étant revenus sur le lieu où étaient encore les trois sacs, nous les avons ouverts et avons reconnu qu'ils renfermaient des vessies remplies d'esprit. Ainsi donc, vu la contravention desdits inconnus aux articles 1, 6 et 24 de la loi du 28 avril 1816, ainsi qu'aux articles   du règlement de l'octroi de   , approuvé par ordonnance royale du   , nous leur avons déclaré à haute voix procès-verbal et saisie dudit esprit-de-vin, et les avons prévenus en outre, toujours à haute et intelligible voix, que la rédaction de notre procès-verbal, ainsi que la reconnaissance des objets saisis, devant avoir lieu le lendemain à   heures d   dans notre bureau central, situé   , nous les sommions d'assister à cette dernière opération, ainsi qu'à la rédaction dont il s'agit, afin de faire leurs observations sur cette reconnaissance, de faire consigner leurs dires dans le procès-verbal, d'en entendre lecture et d'en recevoir copie : n'ont rien répondu, et ont continué leur course; et ledit jour, étant tous réunis au lieu indiqué, nous avons reconnu, en l'absence desdits inconnus, que lesdits trois sacs renfermaient dix-huit vessies contenant ensemble la quantité de cinquante-quatre litres d'esprit bon goût à 85 degrés centésimaux, ainsi reconnus après mesurage et pesage à l'aide de l'alcoomètre centésimal et du thermomètre centigrade; avons estimé d'office lesdits cinquante-quatre litres d'esprit à la somme de soixante-dix francs, les avons laissés à la charge et garde de M.   , receveur central, qui a promis de les représenter à toute réquisition de justice. Nous avons ensuite rédigé notre dit procès-verbal, toujours en l'absence desdits inconnus, et avons clos le susdit acte, les jour, mois et an qui sont inscrits en tête du procès-verbal, à   heures d   , nous réservant de le notifier auxdits inconnus, dans le cas où nous parviendrions à découvrir leurs noms et leur domicile, ou, si besoin l'exige, de l'afficher à la porte de la mairie de   ; et avons signé.

Acte d'affiche.

L'an mil huit cent   , le   , à
heures de relevée , au requis que dit est , nous employés
qualifiés et dénommés au procès-verbal d'autre part,

Certifions qu'attendu l'absence desdits inconnus à la
rédaction de notre procès-verbal , et attendu aussi qu'il
nous a été impossible de connaître leurs noms ainsi que
leur domicile, nous nous sommes transportés à la mairie
de   , où nous avons affiché, sur la porte principale, copie de notre procès-verbal ainsi que du présent
exploit ; et avons signé.

(Même acte d'affirmation que celui qui figure au bas
du modèle n° 1 du chapitre Ier.)

Fraude aux droits d'entrée, d'octroi et de consommation.

(Saisie fictive. — L'objet fraudé n'a pas été reconnu matériellement par les
saisissants , à cause de l'opposition des fraudeurs.)

—

N° 10. — PROCÈS-VERBAL DU   184   .

*Saisie fictive de 280 litres d'esprit, au préjudice des sieurs
, demeurant à*

L'an mil huit cent, etc., etc. (comme au n° 1 du
chapitre IIe),

Certifions que ce matin, sur les deux heures, nous

trouvant en surveillance extraordinaire sur la rive droite de la rivière de   qui sert de limite d'octroi, nous avons aperçu, autant que l'obscurité de la nuit a pu nous le permettre, un petit bateau monté par plusieurs hommes, et que ceux-ci cherchaient à diriger vers le quai   , à l'effet sans doute de décharger les objets qu'il renfermait. Etant presque certains que ledit bateau contenait du liquide que l'on voulait introduire dans le rayon, en fraude des droits, nous nous sommes mis à la poursuite dudit batelet, à l'aide de celui sur lequel nous étions ; et l'ayant bientôt atteint, nous avons reconnu, parmi les cinq individus qui étaient dans l'intérieur dudit bateau, les S^{rs}   , demeurant à   .
Leur ayant fait connaître nos qualités, nous les avons sommés, au nom de la loi, de nous dire s'ils avaient des expéditions pour les sept barils qui étaient dans le bateau, et qu'à l'odeur très prononcée nous reconnaissions qu'ils devaient renfermer de l'esprit-de-vin. L'un d'entre eux, le S^r   , a alors répondu qu'ils n'avaient aucun titre de mouvement, mais qu'ils allaient débarquer, et qu'ils nous donneraient alors les explications que nous leur demandions. Ajoutant peu de foi à leurs promesses et nous tenant fortement cramponnés à la bande dudit bateau, nous leur avons intimé l'ordre de s'arrêter ; mais lesdits n'ayant fait aucun cas de cette sommation, une lutte s'est aussitôt engagée entre eux et nous, lutte inégale, attendu leur nombre, et nous avons été forcés d'abandonner les sept barils dont il s'agit. Toutefois, attendu que nous avions parfaitement reconnu que l'objet transporté était de l'esprit, et que la quantité pouvait s'élever à environ deux cent quatre-vingts litres, nous avons prévenu à haute et intelligible

voix les S^{rs}   que se trouvant
en contravention aux articles 1, 6 et 24 de la loi du
28 avril 1816, et aux articles   du règlement de
l'octroi de   , approuvé par ordonnance royale
du   , nous leur déclarions procès-verbal et
saisie fictive desdits deux cent quatre-vingts litres d'esprit, et que nous les estimions d'office à la somme de
deux cents francs ; les prévenant en outre qu'attendu
leur opposition à l'exercice de nos fonctions, nous leur
déclarions aussi procès-verbal pour ce dernier fait,
conformément à l'article   du règlement déjà
cité ; les prévenant enfin, toujours à haute et intelligible
voix, que la rédaction de notre procès-verbal devant
avoir lieu aujourd'hui même, à   heures de relevée,
dans notre bureau de   , nous les sommions
d'y assister, à l'effet d'y faire insérer leurs dires, d'en
entendre lecture et d'en recevoir copie. Lesdits n'ont
rien répondu, et ont continué de s'éloigner avec vitesse.
Et ledit jour, étant tous réunis au lieu indiqué, nous
avons rédigé, en l'absence des S^{rs}   ,
notre dit procès-verbal, et avons clos le susdit acte, les
jour, mois et an qui sont inscrits en tête du présent,
à   heures du soir, nous réservant de le notifier
auxdits   , ou, si besoin
l'exige, de l'afficher à la porte de la mairie de Lyon ;
et avons signé (1).

    (Il faut faire un acte de notification ou d'affiche pour

---

(1) Le liquide n'ayant pas été reconnu par les verbalisants, les
tribunaux peuvent, dans ce cas, se dispenser de condamner ; mais
il est rare qu'ils prennent cette détermination , parce qu'ils savent
que la loi n'a pas voulu l'impossible. Ainsi, dès le moment qu'ils
ont la conviction qu'il y a eu fraude, ils condamnent les délinquants.

chacun des contrevenants. — Voir le modèle n° 1 du chapitre 1er.)

(Même acte d'affirmation qu'au modèle n° 1 du chapitre 1er.)

Présentation à la sortie, par un liquoriste entre-positaire, d'un liquide déclaré être de la liqueur, mais qui n'est en réalité qu'un mélange de sucre et d'eau, légèrement aromatisé, et dans lequel on a introduit nne quantité extrêmement minime d'alcool, quantité qui ne se trouve nullement en rapport avec les 35 litres p. % par 100 litres de liqueurs voulus par la loi.

—

N° 11. — PROCÈS-VERBAL DU   184 .

Saisie fictive de 155 litres de liqueurs en bouteilles, au préjudice des sieurs   , voiturier, et   , liquoriste, demeurant , le premier à   , le second à

L'an mil huit cent   (comme au modèle n° 1 du chapitre IIe),

Certifions que ce matin , sur les   heures, étant tous de service à la barrière de   , s'est présenté à la même heure , pour sortir de la ville, un Sr   , voiturier, demeurant à   ,
département d   . Ledit étant entré dans

notre bureau, nous a remis deux acquits-à-caution sous
les n^os   , et   , délivrés le même jour à M.   ,
liquoriste marchand en gros, demeurant à   ,
rue   , et exprimant ensemble la quantité
de cent cinquante-trois litres de liqueurs, expédiés par
ce négociant de son magasin de l'intérieur, et nous a
réclamé le certificat de sortie de ce liquide. Avant de
nous rendre à ses désirs, nous avons fait déclouer les
trois caisses renfermant le liquide dont il s'agit, et
avons effectivement reconnu, en présence du voiturier
                , que les trois caisses contenaient cent
cinquante-trois bouteilles pour autant de litres; mais
ayant dégusté le liquide renfermé dans ces bouteilles,
dont les unes avaient des étiquettes portant la dénomi-
nation « eau de noyaux, crême de roses, etc., etc., » et
les autres « anisette de Bordeaux, crême de menthe,
etc., etc., » nous avons fait remarquer audit
que le liquide que ces bouteilles renfermaient ne pouvait pas être considéré par nous comme liqueur, attendu qu'il n'avait presque pas d'alcool, surtout   ,
qui était d'une faiblesse extrême, et que conséquemment
nous ne pouvions pas lui délivrer un certificat de sortie.
Toutefois, attendu la contravention dudit S^r
et du S^r   , liquoriste marchand en gros,
aux articles 1, 6 et 24 de la loi du 28 avril 1816, et
aux articles   et   du règlement de l'octroi
de   , approuvé par ordonnance royale du
                , nous l'avons prévenu que nous lui
déclarions procès-verbal et saisie fictive des cent cinquante-trois litres de liqueurs laissés dans les magasins
du S^r   , et que nous avons estimés d'office,
attendu que ledit n'a pas voulu participer à cette estimation, à la somme modérée de   francs, droits

non compris. Avons prévenu encore le S^r
que nous gardions par devers nous, comme pièces de
conviction, les trois caisses rénfermant les cent cinquante-trois litres du liquide présenté à la sortie comme
liqueur, et après les avoir entourées chacune d'une
ficelle, sur les bouts de laquelle nous avons apposé sur
de la cire rouge le cachet dont l'empreinte figure en
marge du présent, nous avons sommé ledit
d'y apposer aussi le sien; mais ce voiturier nous a répondu qu'il n'en avait pas à sa disposition. Cette formalité accomplie, nous avons remis les trois caisses à l'un
de nous, le S^r   , receveur du susdit bureau,
qui a promis de les garder et de les représenter à toute
réquisition de justice. Prévenant enfin le S^r
que la rédaction de notre procès-verbal devant avoir
lieu aujourd'hui même, à   heures de relevée, dans
notre bureau de   , nous le sommions d'y
assister à l'effet d'y faire insérer ses dires, d'en entendre
lecture et d'en recevoir copie; ajoutant que nous allions
nous transporter immédiatement chez le S^r   ,
expéditeur du liquide, à l'effet de lui faire part de ce
qui précède. Et effectivement, nous étant rendus aussitôt
dans le domicile du S^r   , liquoriste marchand en gros, et parlant à lui-même, nous lui avons
fait connaître nos qualités, et lui avons fait part de tout
ce qui précède. Le S^r   , que notre présence
a paru vivement contrarier, nous a objecté que nous
avions tort de ne pas admettre à la sortie, comme liqueurs, un liquide qui avait réellement cette qualité,
et a ajouté qu'en effet les liqueurs représentées étaient
faibles en alcool, environ   litres pour 0/0, mais
qu'elles se trouvaient en proportion du prix de vente;
et afin de mieux nous convaincre sur ce point, il nous

a fait voir ses livres de vente, qui constatent qu'effectivement le liquide dont il s'agit était livré aux consommateurs à raison d'un franc cinquante centimes, et même, une certaine partie, à un franc vingt-cinq centimes. Les dires du S^r   n'ont rien pu changer à notre détermination, attendu que la loi n'ayant pas fait de distinction entre les liqueurs fines et celles d'une qualité inférieure, et que d'ailleurs notre conviction étant que le liquide présenté n'avait pas, selon nous, la qualité de liqueur, nous devions refuser le certificat de sortie et laisser aux tribunaux le soin de juger cette question. Ainsi donc, nous avons déclaré au S^r   procès-verbal et saisie, dans les mêmes termes que cela a été dit, et l'avons prévenu que la rédaction de notre procès-verbal devant avoir lieu aujourd'hui même, à   heures de relevée, dans notre bureau de   , nous le sommions d'y assister, à l'effet d'y faire insérer ses dires, d'en entendre lecture et d'en recevoir copie. Et ledit jour, étant tous réunis au lieu indiqué, nous avons rédigé, en l'absence des S^rs   et   , notre dit procès-verbal, et avons clos le susdit acte, les jour, mois et an qui figurent en tête du procès-verbal, à   heures du soir, nous réservant de le notifier auxdits   et   , ou, si besoin l'exige, de l'afficher à la porte de la mairie de   ; et avons signé.

(Faire un acte d'affiche pour ce qui concerne le S^r   , voiturier (modèle n° 1 du chapitre Ier).
— Faire un acte de notification pour ce qui concerne le S^r   , liquoriste (modèle n° 4 du chapitre Ier).)

(Même acte d'affirmation qu'au modèle n° 1 du chapitre Ier.)

Observations particulières sur ce dernier procès-verbal.

Les entrepositaires liquoristes et les entrepositaires marchands de vin en gros cherchent souvent à tromper les deux administrations : les uns en présentant à la sortie un liquide qu'ils prétendent être de la liqueur, alors que ce liquide n'a pas cette qualité; les autres en présentant aussi à la sortie des vins factices, fabriqués dans l'intérieur avec de mauvaises lies, ou tout autre objet. Si les employés aux barrières, trompés par les apparences, délivrent le certificat de sortie, il en résulte que les intérêts du trésor et ceux de la commune sont fortement compromis, attendu que ces assujettis obtiennent décharge d'une quantité de liquide restée dans le rayon, et qu'ils livrent ensuite à la consommation, en fraude des droits. Toutefois, il faut dire que ces sortes d'affaires sont extrèmement délicates, parce que l'on ne peut pas verbaliser, dans l'un et l'autre cas, sans prélever des échantillons, et que dès-lors cette opération donne lieu à des instances, dont le succès est souvent très incertain.

Il convient dès-lors de ne verbaliser que dans des cas où le succès ne paraît pas douteux, et de laisser préférablement à la voie civile le soin de régler ces sortes de contestations. Or donc, si l'on ne verbalise pas, et si cependant le liquide présenté à la sortie est reconnu essentiellement mauvais et fabriqué dans un but de fraude, les employés doivent refuser le certificat de sortie : ce refus est fondé sur ce qu'on ne reconnaît pas au liquide présenté la qualité déclarée. En agissant ainsi, il pourra n'y avoir pas d'*instance civile*, parce que l'entrepositaire, reconnaissant en lui-même toute la justice de la détermination prise par les employés, ne fera aucune difficulté de payer les droits sur les quantités dont il n'aura pas obtenu la décharge ; mais si cependant il veut contester, il prendra alors des échantillons à la levée desquels les employés devront concourir, sur la réquisition du déclarant, qui sera tenu plus tard de prouver que le liquide a bien la qualité déclarée.

Si effectivement les choses se passent ainsi, il s'engagera une contestation civile dans laquelle l'entrepositaire sera demandeur, et l'Administration sera ainsi déchargée du fardeau de la preuve. Seulement, lorsque l'expertise aura été provoquée par l'adversaire, elle demandera à y être représentée par un expert de son choix. Un autre expert sera nommé par le Président du Tribunal, et alors la Régie aura chance de succès. Cette marche civile, du reste, est beaucoup plus favorable à la manifestation de la vérité que la procédure correctionnelle.

MODÈLES DE PROCÈS-VERBAUX

EN

MATIÈRE DE CONTRIBUTIONS INDIRECTES INCLUSIVEMENT.

CHAPITRE III.

Transport de boissons avec une expédition inapplicable.—Différence en moins à l'entrée.

N° 1. — PROCÈS-VERBAL DU   184 .

Saisie de 9 hectolitres 30 litres de vin en cercle, au préjudice du sieur   , voiturier, demeurant à

L'an mil huit cent   , le   , à
heures de relevée, à la requête de M. le Conseiller
d'Etat, Directeur général de l'administration des Contributions indirectes, dont le bureau central est à Paris,
rue de Rivoli, hôtel des Finances, poursuites et diligences de M.   , directeur desdites Contributions dans le département d   , demeurant

5

à   , rue   , n°   (1), lequel
fait élection de domicile, pour la suite du présent, chez
M.   , directeur pour l'arrondissement de
           , demeurant audit lieu (2), rue   ,
n°   , Nous soussignés (noms, prénoms et qualités
des employés), tous employés de l'octroi de   ,
y demeurant, ayant serment en justice et porteurs de
notre commission, Certifions que ce matin, sur les
heures, nous trouvant tous de service à la barrière de
           , s'est présenté à la même heure, pour
entrer en ville, un S^r   , voiturier, demeurant à   , département d   ,
lequel conduisait une charrette attelée d'un cheval et
chargée de quatre fûts qu'il nous a dit contenir du
vin. Ledit   nous ayant exhibé un acquit-à-
caution sous le n°   , du bureau d   ,
que nous annexons au présent procès-verbal, après
l'avoir paraphé *ne varietur*, lequel titre stipulait la
quantité de quinze hectolitres cinquante litres de vin
rouge, nous avons jaugé, en présence dudit S^r   ,
les quatre fûts dont il s'agit, et avons trouvé que la
quantité réelle, ouillage déduit, ne s'élevait qu'à neuf
hectolitres trente litres, opération qui a fait ressortir
une différence au moins de six hectolitres vingt litres,
et a rendu inapplicable au chargement le titre précité.

(1) Il ne faut pas perdre de vue, je le répète, que lorsque le
procès-verbal est rédigé dans l'arrondissement du chef-lieu du
département, il faut mettre : *où il fait élection de domicile pour
la suite du présent*, au lieu de dire : *lequel fait élection de
domicile, pour la suite du présent chez*, M.   ,
directeur, etc., etc.

(2) Lorsque le Directeur ne réside pas au chef-lieu de l'arrondissement, il faut mettre : *demeurant à*

Le S^r   , qui a reconnu la sincérité de cette opération, a allégué pour sa justification que les fûts étaient dans un mauvais état, et que pendant le transport l'un d'eux avait constamment coulé. Nous avons effectivement remarqué que quelques douves desdits fûts étaient dans un très mauvais état, et que peut-être il fallait attribuer à cette circonstance le manquant que nous venions de constater; toutefois, n'ayant pas qualité pour juger cette question, nous avons prévenu le S^r   que se trouvant en contravention aux articles 1 et 6 de la loi du 28 avril 1816, nous lui déclarions procès-verbal et saisie desdits neuf hectolitres trente litres de vin, ainsi reconnus avec le S^r   , après jaugeage et dégustation, et que nous avons estimés, d'accord avec le S^r   , à la somme de   francs, droits non compris. Avons, etc., etc.

(La fin de ce procès-verbal, depuis le mot *avons*, comme au modèle n° 7 du chapitre IIme.)

Expédition adirée.

—

N° 8. — PROCÈS-VERBAL DU   184 .

Saisie de 6 hectolitres 30 litres de vin, au préjudice du sieur   , voiturier, demeurant à

L'an mil huit cent   , le   , à   heures du matin, à la requête, etc., etc.   (comme au n° 1 du chapitre IIIme),

Certifions que ce matin, sur les   heures, nous trouvant tous de service à la barrière de   ,

s'est présenté à la même heure, pour entrer en ville, un
S^r   , voiturier, demeurant à   ,
département d   , lequel conduisait une
charrette attelée d'un cheval et chargée de trois fûts de
vin. Ledit étant entré dans notre bureau de recette, a
déclaré qu'il désirait se munir d'un passe-debout pour les
six hectolitres trente litres de vin contenus dans les trois
fûts ; mais il a ajouté qu'il avait perdu, pendant le transport, l'acquit-à-caution dont il était porteur. Ayant jaugé
en sa présence les fûts dont il s'agit, nous avons effectivement reconnu qu'ils renfermaient la quantité déclarée. Ainsi donc, vu la contravention du S^r
aux articles 1 et 6 de la loi du 28 avril 1816, nous lui
avons déclaré procès-verbal et saisie desdits six hectolitres treute litres de vin, ainsi reconnus après jaugeage
et dégustation, et que nous avons estimés, d'accord avec
le S^r   , à la somme de   francs, droits non
compris. Avons, etc., etc. (La fin de ce procès-verbal,
depuis le mot *avons*, comme au modèle n° 7 du chapitre IIme.)

(L'acte d'affiche ou de notification, ainsi que l'acte
d'affirmation, comme au n° 1 du chapitre Ier.)

Expédition périmée.

—

N° 3. — PROCÈS-VERBAL DU   184   .

*Saisie de 12 hectolitres 50 litres de vin, au préjudice du sieur
, demeurant à*

L'an mil huit cent   , le   , à
heures du matin, à la requête de M. le Conseiller
d'Etat (comme au modèle n° 1 du chapitre IIIme),

Certifions que ce matin , sur les   heures, nous trouvant tous de service à la barrière de   , s'est présenté à la même heure, pour entrer en ville, un S^r   , voiturier, demeurant à   , département d   , lequel conduisait une charrette attelée d'un cheval et chargée de quatre fûts. Ledit nous ayant exhibé un acquit-à-caution n°   du bureau de   , que nous annexons au présent procès-verbal, après l'avoir paraphé *ne varietur*, lequel titre stipulait la quantité de douze hectolitres cinquante litres de vin, nous avons jaugé en sa présence lesdits fûts et avons reconnu que la quantité de vin qu'ils renfermaient était en parfait rapport avec celle énoncée au libellé de l'acquit-à-caution; mais nous avons fait observer audit   que le délai accordé pour le transport étant périmé de   jours, l'acquit-à-caution représenté se trouvait conséquemment inapplicable au chargement conduit par lui. Le S^r   , qui a reconnu la sincérité de nos dires, nous a objecté pour sa défense que le délai accordé par le receveur buraliste avait été insuffisant, et que d'ailleurs il avait été forcé de s'arrêter en route à cause du mauvais temps. Sans nous arrêter aux dires du S^r   , qui pourront plus tard être pris en considération par qui de droit, nous l'avons prévenu que se trouvant en contravention aux articles 1, 6, 10 et 13 de la loi du 28 avril 1816, nous lui déclarions procès-verbal et saisie desdits douze hectolitres cinquante litres de vin, que nous avons estimés , d'accord avec lui, à la somme de   , droits non compris. Avons, etc., etc. (comme au modèle n° 7 du chapitre IIme).

(L'acte d'affiche ou de notification , ainsi que l'acte d'affirmation , comme au n° 1 du chapitre Ier.)

Transport de boissons dans l'intérieur du rayon, sans expéditions.

—

N° 4. — PROCÈS-VERBAL DU   184   .

Saisie de 420 litres de vin, au préjudice du sieur   ,
demeurant à

.

L'an mil huit cent, etc., etc. (comme au n° 1 du chapitre III°),

Certifions que cette nuit, sur les trois heures du matin, nous trouvant en surveillance extraordinaire dans l'intérieur de la ville, à l'effet d'épier les manœuvres de certains marchands en gros entrepositaires qui profitent de ce moment pour se livrer à la fraude, nous avons entendu le bruit d'une charrette. Voulant nous assurer si elle ne renfermait pas quelque objet passible des droits, nous avons été à sa rencontre, et apercevant aussitôt sur ladite charrette deux tonneaux qui nous ont paru pleins de liquide, nous avons pris par la bride le cheval qui la traînait, et, après avoir fait connaître nos qualités au voiturier, nous l'avons sommé de nous déclarer ce que contenaient les deux tonneaux dont il s'agit. Le voiturier nous a alors déclaré que c'était du vin qu'il conduisait chez un cabaretier dont le domicile est situé rue   , mais qu'il n'avait aucun titre de mouvement à nous produire, attendu que lorsqu'il s'était présenté à la recette buraliste pour se munir d'un acquit-à-caution, il avait trouvé la porte fermée. Ayant sommé le voiturier de nous dire ses nom, prénoms et domicile, a répondu se nommer   , et demeurer à   , rue   ; nous avons alors percé chacun desdits tonneaux, et il en est sorti effectivement du vin rouge. Ainsi donc, vu la contravention du S^r aux articles 1 et 6 de la loi du 28 avril 1816, nous lui avons déclaré procès-verbal et saisie des quatre hectolitres vingt litres de vin, ainsi reconnus avec le S^r , après jaugeage et dégustation, et que nous avons estimés, d'accord avec le S^r , à la somme de   francs, droits non compris. Avons également saisi, mais seulement pour garantie de l'amende encourue, le cheval et la charrette que nous avons estimés, toujours d'accord avec le S^r , à la somme de   francs. Lui ayant offert main-levée du liquide saisi, ainsi que des moyens de transport, moyennant caution solvable, ou la consignation de   francs, montant de l'estimation dudit vin et de l'amende encourue, ledit a versé, à titre de consignation provisoire, la somme de (1)   francs; et d'ailleurs sa solvabilité étant parfaitement connue de nous tous, nous lui avons donné main-levée de tous les objets saisis, sur sa promesse juratoire de les représenter, ou la valeur estimative, à toute réquisition de

---

(1) Si le contrevenant verse le montant de la confiscation, ainsi que celui du maximum de l'amende, il faut mettre : *nous lui avons donné main-levée de tous les objets saisis;* mais s'il ne verse qu'une partie de cette somme, comme cela arrive presque toujours, à moins d'un cas grave, il faut mettre : *et d'ailleurs sa solvabilité étant parfaitement connue de nous tous, nous lui avons donné,* etc., etc.

justice. Prévenant enfin ledit   que nos occupations ne nous permettant pas de rédiger immédiatement notre procès-verbal, nous remettions sa rédaction à   heures du soir du même jour, dans notre bureau de   , et l'invitions à s'y trouver à l'effet d'y faire insérer ses dires, d'en entendre lecture et d'en recevoir copie. Ledit jour, étant tous réunis au lieu indiqué, nous avons rédigé, en présence du S^r   , notre dit procès-verbal, l'avons sommé de le signer, après lui en avoir fait lecture; mais ledit a déclaré ne pas savoir écrire. Clos le présent procès-verbal, à   heures de relevée, les jour, mois et an qui figurent en tête dudit acte; lui en avons remis copie, et avons signé ledit procès-verbal.

(Même acte d'affirmation qu'au n° 1 du chapitre Ier.)

Saisie d'un entrepôt frauduleux de liquides dans l'intérieur d'une ville sujette aux droits d'entrée et d'octroi.

—

N° 5. — PROCÈS-VERBAL DU   184

Saisie de 120 litres esprit à 85 degrés centésimaux, et de 65 litres d'eau-de-vie à 50 degrés centésimaux, ainsi que de plusieurs objets servant à commettre la fraude, au préjudice des sieurs   et   , demeurant à

Nous soussignés   , contrôleur et   brigadiers, employés de l'octroi de la ville de   , y demeurant, autorisés par les articles 53 du 1er germinal an XIII et 92 de l'ordonnance du 9

décembre 1814, et en vertu de l'article 237 de la loi
du 28 avril 1816, invitons et requérons M.   ,
commissaire de police du quartier de   ,
de nous assister dans la visite que nous nous proposons
de faire chez le S^r , demeurant à   ,
rue   , n°   .

 Fait à   , le   184

Signé

 L'an mil huit cent   (comme au n° 1 du chapitre IIIme),

 Certifions que ce matin, sur les   heures, nous
trouvant tous de service dans la rue
qui borde notre ligne d'octroi, à l'effet de découvrir le
lieu où quelques instants auparavant des fraudeurs
avaient introduit une certaine quantité de liquide soumis aux droits, nous avons pénétré, accompagnés de
M. le Commissaire de police   , qui a déféré
au réquisitoire qui figure en tête du présent, dans le
domicile d'un S^r , soupçonné d'être de
connivence avec les fraudeurs, et lui ayant fait connaître nos qualités, ainsi que l'objet de notre visite, nous
l'avons sommé de nous conduire dans les divers appartements de la maison qu'il occupe, et de nous déclarer
si dans l'intérieur de ces divers appartements il se trouvait quelque objet passible des droits. Ledit nous a
alors déclaré que, quant à lui, il ne s'occupait pas de
fraude, mais il a ajouté que depuis quelques mois il
avait loué une petite chambre située au rez-de-chaussée
de sa maison, à un nommé   , demeurant à
          , mais qu'il ne pouvait pas nous
dire, toutefois, quels étaient les objets renfermés dans
ce local. Ledit   ayant déclaré en outre
qu'il n'avait pas la clef de la chambre et qu'elle était

entre les mains du locataire, nous avons fait ouvrir par le ministère d'un serrurier la chambre dont il s'agit, et y ayant pénétré, toujours accompagnés de M. le Commissaire de police, ainsi que du S^r   ,
nous avons trouvé dans ce lieu un véritable matériel de fraude, savoir : quinze sacs encore imprégués d'eau-de-vie, une échelle de corde, un robinet en cuivre adapté à un fût vide, deux entonnoirs, un litre en fer-blanc, une pièce de bois de cinq mètres d'élévation ayant à l'extrémité deux poulies, quatre-vingts vessies vides, mais exhalant une forte odeur d'esprit, enfin trois petits barils de forme frauduleuse, contenant ensemble cent vingt litres d'esprit bon goût, et vingt-deux vessies renfermées dans trois sacs en toile et contenant aussi ensemble soixante-cinq litres d'eau-de-vie de bonne qualité. Ayant fait remarquer audit
que tous les objets que nous venons de citer établissaient évidemment l'existence dans son domicile d'un *entrepôt de fraude*, il était tenu de nous produire un bail authentique, afin d'anéantir par cette pièce les charges qui pèseraient sur lui dans un cas contraire. Ledit
nous a alors montré un petit écrit mentionnant la location de la chambre à un S^r   ,
le même qui figure ci-dessus ; mais attendu que ce prétendu bail n'était ni sur papier timbré, ni enregistré, ainsi que le veut la loi, nous lui avons dit que cette pièce n'avait aucun caractère d'authenticité, et que, conformément aux articles 1, 6, 10, 13, 51, 53, 61, 94, 95, 96, 97 et 144 de la loi du 28 avril 1816, et aux arrêts de la Cour de cassation, concernant les entrepôts frauduleux, nous lui déclarions procès-verbal et saisie desdits objets mentionnés plus haut, ainsi que des cent vingt litres d'esprit à 85 degrés centésimaux, et des

soixante litres d'eau-de-vie à 50 degrés centésimaux ,
ainsi reconnus avec ledit   , après jaugeage, mesurage et à l'aide de notre alcoomètre centésimal et du thermomètre centigrade, et que nous avons
estimés d'office, le S^r   n'ayant voulu participer en rien à cette estimation, les premiers objets
servant d'instrument de fraude, à la somme de   ,
et l'eau-de-vie et l'esprit à celle de   francs, droit de
consommation non compris. Lui avons offert main-
levée de tous les objets saisis, moyennant caution solvable , ou la consignation de l'amende encourue; mais
ledit   ayant persisté à dire que les objets
trouvés dans la chambre ne le concernaient pas et qu'ils
étaient la propriété du S^r   , nous les avons
enlevés immédiatement, et les avons fait transporter
au bureau central, où ils ont été mis à la charge et
garde de M.   (la qualité du gardien) qui a
promis de les représenter à toute réquisition de justice.
Prévenant en outre le S^r   que la rédaction
de notre procès-verbal devant avoir lieu aujourd'hui
même, à   heures du soir, dans notre bureau central,
situé rue   , n°   , nous le sommions d'y
assister à l'effet d'y faire insérer ses dires, d'en entendre lecture et d'en recevoir copie. Après cette opération,
nous étant rendus aussitôt chez le S^r   ,
demeurant à   , rue   , ainsi que
cela a été déjà dit, toujours accompagnés de M. le Commissaire de police, et parlant audit S^r   ,
nous lui avons fait connaître nos qualités, et lui avons
fait part de tout ce qui précède, le sommant de nous dire
s'il occupait, oui ou non, une pièce située dans la maison
du S^r   , demeurant à   , rue   .
Le S^r   , voyant qu'il était inutile de nier les

faits, nous a avoué qu'effectivement il avait loué le petit appartement dont il s'agit, et que tous les objets décrits plus haut étaient sa propriété. Poussé d'ailleurs à bout par nos questions, le S^r   a ajouté qu'il se livrait quelquefois à la fraude, mais que nous ne lui pouvions rien, parce que, le fait de l'introduction étant accompli, nous n'avions aucun droit de pénétrer chez lui, et que surtout aucune disposition de la loi ne nous autorisait à saisir chez un simple consommateur des boissons qui avaient sans doute été frappées du droit et qui étaient destinées à son usage particulier. Les dires du S^r   (le nom du propriétaire de la maison), les explications du S^r   , et enfin les circonstances qui entouraient cette affaire, ne laissant aucun doute sur la culpabilite du S^r
et sur la fraude que nous venions de constater, nous avons déclaré à ce dernier procès-verbal et saisie des objets trouvés en la possession du S^r   ,
ainsi que cela lui a été expliqué, et l'avons prévenu que la rédaction de notre procès-verbal devant avoir lieu aujourd'hui même, à   heures du soir, dans notre bureau central, situé rue   , n°   , nous le sommions d'y assister, à l'effet d'y faire insérer ses dires, d'en entendre lecture et d'en recevoir copie. Et ledit jour, étant tous réunis au lieu indiqué, nous avons rédigé, en l'absence des S^{rs}   et   , notre dit procès-verbal ; et avons clos ledit acte, les jour, mois et an qui sont inscrits en tête du procès-verbal, à   heures du soir, nous réservant de le notifier auxdits   et   , ou, si besoin l'exige, de l'afficher à la porte de la mairie de   ; et avons signé (1).

(1) Ce procès-verbal n'est pas fondé en droit, parce qu'il ne

(Faire un acte de notification pour chaque contrevenant : voir le modèle n° 4 du chapitre 1er.)
(Même acte d'affirmation qu'au n° 1 du chapitre 1er.)

Voiture faisant un service public sans déclaration.

—

N° 6. — PROCÈS-VERBAL DU   184 .

*Saisie d'une voiture faisant un service public , au préjudice du
sieur   , demeurant à*

L'an mil huit cent, etc., etc. (comme au modèle n° 1
du chapitre IIIe), Certifions que ce matin, sur les
heures, nous trouvant tous de service à la barrière de

repose sur aucun article précis de la loi ; mais néanmoins , lorsque
les employés savent qu'il existe un lieu qui sert d'entrepôt frauduleux , ils doivent saisir, par la raison qu'il est reconnu en principe que l'on doit combattre la fraude partout où elle se présente.
Toutefois , il faut dire ici que , pour que ces sortes d'affaires obtiennent quelque succès devant les tribunaux , il convient de ne leur
donner naissance que lorsque des circonstances particulières vien-
nent se joindre au fait principal : c'est-à-dire , lorsque par exemple
on peut établir que le possesseur de l'entrepôt frauduleux se livre
à la vente de boissons ; ou , ce qui serait mieux encore , de constater
cette vente au moment où un individu transportant de l'eau-de-vie,
ou de l'esprit, serait surpris sortant de l'entrepôt.

Dans ce dernier cas , la fraude serait clairement démontrée, et
les tribunaux ne feraient aucune difficulté d'appliquer au contrevenant les dispositions des articles 1 et 6 de la loi du 28 avril 1816,
et de prononcer, en même temps , la confiscation du liquide trouvé
dans l'entrepôt frauduleux.

, s'est présentée à la même **heure**, pour entrer en ville, une voiture à quatre roues, traînée par trois chevaux, et qui nous a paru faire un service public. N'apercevant pas sur la caisse de ladite voiture l'estampille qui devait y être clouée, et voulant nous assurer si elle avait satisfait à la loi, nous avons fait connaître nos qualités aux voyageurs qui étaient dans l'intérieur, au nombre de sept, ainsi qu'au conducteur, et nous avons demandé aux premiers s'ils étaient propriétaires de ladite voiture. L'un d'eux nous a répondu aussitôt que la voiture appartenait au conducteur, et qu'il lui avait payé la somme de   francs pour être conduit de   à   . Ayant questionné le conducteur sur ce point, ledit n'a pas désavoué la déclaration qui précède ; et comme il s'est trouvé dans l'impossibilité de nous prouver qu'il eût fait sa déclaration au bureau de la Régie des contributions indirectes, nous l'avons sommé de nous déclarer ses nom, prénoms et domicile. Ledit a répondu qu'il se nommait   , demeurant à   . Ainsi donc, vu la contravention à l'article 117 de la loi du 25 mars 1817, nous lui avons déclaré procès-verbal et saisie de ladite voiture à quatre roues, contenant huit places dans l'intérieur et trois dans le *coupé*, l'intérieur couvert en drap bleu et la caisse peinte en vert, ainsi que des harnais et des trois chevaux ; avons estimé le tout, de concert avec le S^r   , à la somme de   francs, et lui en avons offert main-levée moyennant caution solvable. Ledit s'est trouvé dans l'impossibilité de satisfaire à cette condition ; mais connaissant, du reste, sa solvabilité et pensant qu'un plus long retard pourrait porter préjudice aux voyageurs, nous lui avons accordé la main-levée des objets saisis, sur sa promesse juratoire de les représenter, ou la valeur estimative, à toute réquisition de justice. Prévenant, enfin, le Sr   , etc.

(La fin de ce procès-verbal, l'acte d'affiche ou de notification, ainsi que l'acte d'affirmation, comme au modèle n° 1 du chapitre Ier.)

Excédant de voyageurs.

—

N° 7. — PROCÈS-VERBAL DU   184 ,

Au préjudice du sieur   , demeurant à

L'an mil huit cent, etc. (comme au modèle n° 1 du chapitre IIIe),

Certifions que ce matin, sur les   heures, nous trouvant tous de service à la barrière de   ,
s'est présentée, pour entrer en ville à la même heure, la diligence qui dessert la route de   à
    , et appartenant au Sr   ,
entrepreneur de voitures publiques, demeurant à   .
Voulant nous assurer si cette voiture avait été déclarée à la Régie des contributions indirectes, nous avons sommé le conducteur, qui a dit se nommer   ,
demeurant à   , et au service du Sr   ,
propriétaire de ladite voiture, de nous exhiber le laissez-passer dont il devait être porteur, et de nous faire voir en même temps l'estampille qui devait être clouée à la caisse de la susdite voiture. Ledit   s'est empressé de nous remettre le laissez-passer réclamé par nous, et il nous a été facile de nous convaincre qu'ef-

fectivement la voiture avait été déclarée ; mais voulant nous assurer si le nombre de voyageurs, qui étaient dans les différents compartiments de ladite voiture, se trouvait en concordance avec ceux mentionnés au laissez-passer, nous avons compté ceux-ci et avons reconnu et fait reconnaître audit   qu'il s'élevait à seize, non compris le postillon et le conducteur. Ayant rapproché ce chiffre de celui porté au laissez-passer, nous avons constaté que ce dernier ne s'élevait qu'à douze places, opération qui a fait ressortir un excédant de quatre voyageurs qui n'étaient portés ni sur la feuille, ni au libellé du laissez-passer. Ledit a alors prétendu que les quatre personnes trouvées en plus n'avaient rien payé, et qu'elles étaient attachées à l'entreprise ; mais sans nous arrêter aux dires du S^r , nous l'avons prévenu que le S^r , son maître, se trouvant en contravention à l'article 116 de la loi du 28 avril 1816, nous lui déclarions procès-verbal, en parlant à lui   , son représentant, et avons prévenu encore ce dernier que la rédaction de notre procès-verbal devant avoir lieu aujourd'hui même, à   heures du soir, dans notre bureau de   , nous le sommions de l'avertir de s'y trouver, à l'effet d'y faire insérer ses dires, d'en entendre lecture et d'en recevoir copie. Et ledit jour, étant tous réunis au lieu indiqué, nous avons rédigé, en l'absence du S^r (le nom du propriétaire de la voiture), notre dit procès-verbal, et avons clos le susdit acte, les jour, mois et an qui sont inscrits en tête du procès-verbal, à   heures du soir, nous réservant de le notifier audit   , ou, si besoin l'exige, de l'afficher à la porte de la mairie de Lyon ; et avons signé.

(L'acte d'affiche ou de notification, ainsi que l'acte d'affirmation, comme au modèle n° 1 du chapitre Ier.)

Voiture circulant sans laissez-passer, ou avec un laissez inapplicable.

—

N° 8. — PROCÈS-VERBAL DU 184 .

Saisie d'une voiture faisant un service public sans-laissez-passer, au préjudice d'un sieur   , demeurant à

L'an mil huit cent, etc., etc. (comme au modèle n° 1 du chapitre IIIe), Certifions que ce matin, sur les heures, nous trouvant tous de service à la barrière de   , s'est présentée à la même heure, pour entrer en ville, une voiture à quatre roues, dite Omnibus, appartenant au S^r   , demeurant à   , et conduite par lui-même, laquelle voiture fait un service public de   à   . Ayant demandé au S^r   de nous montrer l'estampille qui devait être clouée à la caisse de la susdite voiture, ledit nous a fait voir immédiatement cette pièce portant le numéro quarante-deux ; mais sommé par nous de nous exhiber aussi le laissez-passer dont il devait être porteur, a prétendu l'avoir perdu. Ayant constaté, en sa présence, que le nombre des voyageurs s'élevait à douze, dont dix dans l'intérieur et deux sur la banquette de devant, nous avons prévenu le S^r   que se trouvant en contravention à l'article 117 de la loi du 25 mars 1817, nous lui déclarions procès-verbal et saisie de ladite voiture à quatre roues,

6

dont l'intérieur est couvert d'un drap rouge et la caisse peinte en bleu, des harnais et des deux chevaux. Avons estimé le tout, de concert, etc., etc. (1)

(La fin de ce procès-verbal, l'acte d'affiche ou de notification, ainsi que celui de l'affirmation, comme au modèle n° 6 du chapitre III°.)

Arrestation d'un colporteur de tabacs.

—

N° 9. — PROCÈS-VERBAL DU   184 .

Saisie de 8 kilogrammes 1,2 de tabacs de fraude, au préjudice du sieur

L'an mil huit cent, etc., etc. (comme au n° 1 du chapitre III°), Certifions que nous trouvant en ronde extraordinaire dans l'intérieur de la ville, à l'effet de surveiller le mouvement des chargements de boissons, nous avons vu un individu, sur les   heures du matin, qui sortait de l'un des cafés situés sur la place   , ayant une petite boîte sous son bras et portant un sac sur son dos. Nous étant approchés de ce particulier soupçonné par nous être un colporteur de tabacs, nous lui avons fait connaître nos qualités, et l'avons sommé de nous déclarer la nature de l'objet qu'il transportait. Ledit, sans répondre à cette question, a pris précipitamment la fuite, jetant à terre le sac dont il s'agit.

---

(1) Si le contrevenant produisait un laissez-passer dont le signalement ne serait pas conforme à celui de la voiture, il faudrait procéder comme ci-dessus, et joindre cette pièce au procès-verbal.

L'ayant suivi, pendant que l'un de nous ramassait ledit sac, nous sommes parvenus, après beaucoup d'efforts, à l'atteindre. Ayant ouvert, en sa présence, la petite boîte qu'il tenait encore sous le bras, ainsi que le sus-dit sac, nous avons reconnu et fait reconnaître audit particulier, qui nous a déclaré se nommer   , sans état ni domicile fixe, que le sac contenait en-viron huit kilogrammes de tabac en poudre et la boîte soixante-cinq cigarres, le tout de fabrication étrangère. Ayant fait remarquer audit que tout ce tabac n'était pas pour son usage particulier, et qu'évidemment, lors-que nous l'avions vu sortir du café situé sur la place de   , il venait de proposer la vente de ce tabac, ledit en est convenu. Ainsi donc, vu la contra-vention du S^r   à l'article 222 de la loi du 28 avril 1816, nous lui avons déclaré procès-verbal et saisie du tabac renfermé dans le sac et dans la boîte, ensemble du poids de huit kilogrammes et demi, ce que nous avons reconnu et fait reconnaître audit S^r   , à l'aide d'une romaine que nous nous sommes procurée; nous avons placé lesdits tabacs dans le sac saisi que nous avons fermé avec une ficelle, sur le nœud de laquelle nous avons mis de la cire rouge et apposé le cachet dont l'empreinte figure en marge du présent. Sommé ledit   de faire comme nous, a répondu ne point avoir de cachet. Cette opéra-tion terminée, nous avons prévenu ledit   que dans la journée le dépôt du tabac serait effectué entre les mains de M.   , entreposeur à   . Lui avons offert de le mettre en liberté dans le cas où il présenterait une caution solvable ou effectuerait immédiatement le versement du maximum de l'amende encourue; mais ledit s'étant trouvé dans l'impossibilité de fournir caution , ni de verser la somme demandée, nous l'avons averti que, conformément aux articles 223 et 224 de la loi déjà citée, nous allions le conduire devant un juge compétent qui aurait à prononcer sur la validité de son arrestation. Nous étant rendus , accompagnés dudit   , au bureau central , situé rue   , n°   , nous y avons déposé provisoirement le sac sus-désigné, et nous y avons rédigé le présent procès-verbal, en présence du S^r   ; lui en avons donné lecture, avec sommation de le signer, ce qu'il a refusé, attendu qu'il a déclaré ne savoir pas écrire. Clos ledit procès-verbal à   heures du matin, et remis copie audit   , après l'avoir signé.

(Même acte d'affirmation qu'au n° 1 du chapitre 1er.)

Saisie d'un dépôt de tabacs de fraude.

—

N. 10. — PROCÈS-VERBAL DU   184   .

Saisie de   kilogrammes de tabacs de fraude , au préjudice du sieur   , demeurant à

Nous soussignés, employés de l'octroi de   , y demeurant, autorisés par les articles 53 du décret du 1er germinal an XIII et 92 de l'ordonnance du 9 décembre 1814, requérons M.   , commissaire de police du quartier de   , en vertu de l'article 65 de l'ordonnance du 9 décembre 1814, de nous prêter aide et assistance dans la visite que nous nous proposons de faire chez le S^r   , demeurant à   , rue   , n°   , d'après

l'ordre qui nous en a été donné par M.
(sa qualité), et que nous avons exhibé (1).

Fait à   , le   184

Signé :

L'an mil huit cent, etc., etc. (comme au n° 1 du chapitre IIIe), Certifions que ce matin, sur les heures, ayant appris qu'un S^r   , qui demeure rue   , n°   , à   , avait reçu dans la nuit des tabacs de fraude, nous nous sommes transportés à l'heure dite au domicile de ce dernier, accompagnés de M.   , commissaire de police, qui a déféré au réquisitoire qui figure en tête du présent; et parlant audit S^r   , nous lui avons fait connaître nos qualités, ainsi que l'objet de notre visite, et l'avons sommé de nous dire s'il n'avait pas reçu cette nuit même des tabacs de fabrique étrangère. Ledit a répondu négativement; mais voyant, à son trouble et à son air embarrassé, qu'il ne nous disait pas la vérité, nous nous sommes mis en devoir de faire une perquisition minutieuse dans son domicile, et bientôt nous avons trouvé dans un grenier, placé au-dessus de son appartement, deux grandes caisses qui nous ont paru contenir effeectivement le tabac que nous cherchions. Les ayant déclouées, en présence du S^r   et de M. le Commissaire de police, nous avons reconnu et fait reconnaître au premier qu'elles renfermaient   kilogrammes de tabac de contrebande, contenus dans   paquets et   petites

---

(1) Je le répète, si, parmi les employés qui signeront le réquisitoire, il s'en trouvait un du grade de *contrôleur*, le rédacteur du procès-verbal aurait soin de mentionner cette qualité, et, dans ce cas, il faudrait supprimer les mots : *d'après l'ordre....*

caisses sur lesquelles on lisait : « Havane fin, Maryland, Américan , etc., etc. »

Ayant demandé au Sʳ   comment il s'était procuré ces tabacs, ledit nous a répondu qu'un individu , dont il ne connaissait pas le nom , ni le domicile, les avait entreposés chez lui ; mais qu'il était pour sa part complètement étranger à la fraude que nous venions de constater. Sans nous arrêter aux dires du Sʳ   , que nous n'étions pas d'ailleurs appelés à apprécier, nous l'avons prévenu que se trouvant en contravention à l'article 218 de la loi du 28 avril 1846, nous lui déclarions procès-verbal et saisie desdits   kilogrammes de tabacs de fraude , ainsi reconnus avec le Sʳ   , à l'aide d'une romaine fournie par lui. Nous avons laissé lesdits tabacs dans les deux caisses qui les renfermaient, les avons entourées chacune d'une ficelle , sur le nœud de laquelle nous avons mis de la cire rouge , et apposé le cachet dont l'empreinte figure en marge du présent. Sommé ledit   de faire comme nous, a répondu ne pas avoir de cachet. Cette opération accomplie, nous avons prévenu ledit que dans la journée le dépôt du tabac serait effectué entre les mains de M.   , entreposeur, demeurant à   ; et nous étant rendus immédiatement, accompagnés du Sʳ   , au bureau central, situé rue   , nº   , nous y avons déposé provisoirement les deux caisses saisies, et nous y avons rédigé le présent procès-verbal, en présence du Sʳ   , lui en avons donné lecture, avec sommation de le signer, ce qu'il a   .

Clos ledit procès-verbal à   heures du matin , et remis copie audit   , après l'avoir signé.

(Même acte d'affirmation qu'au nº 1 du chapitre Iᵉʳ.)

Arrestation d'un colporteur de cartes de fraude.

—

N° 11. — PROCÈS-VERBAL DU   184 .

*Saisie de   jeux de cartes , au préjudice du sieur   ,
demeurant à*

L'an mil huit cent   (comme au n° 1 du IIIe cha-pitre) ,

Certifions que nous trouvant en surveillance extraor-dinaire dans l'intérieur de la ville, nous avons aperçu vers les   heures du matin, sur la place de   , un individu qui sortait de l'un des cafés situés sur ladite place. Pensant que ce particulier n'était autre chose qu'un contrebandier , attendu que nous l'avions vu entrer et sortir plusieurs fois de l'intérieur des divers établissements publics dont il s'agit, nous l'avons suivi, afin d'épier ses manœuvres. Ledit individu a parcouru plusieurs rues ; mais craignant de perdre ses pas, nous l'avons accosté dans la rue   , et, après lui avoir fait connaître nos qualités, nous l'avons sommé de nous dire quelle était la nature de l'objet qu'il avait dans ses poches, qui paraissaient effectivement très volumineuses. Ledit n'a rien répondu à cette somma-tion ; mais poussant devant lui avec vigueur l'un de nous, le S^r (nom de l'employé), il aurait pris infaillible-ment la fuite, si nous ne l'avions pas saisi au collet et si nous n'avions pas employé tous nos efforts pour le rete-nir. Voyant qu'il était inutile de résister plus longtemps

à nos injonctions, ledit a déclaré se nommer   ,
marchand-colporteur, demeurant à   ,
département d   , et a sorti de dedans ses
poches, ainsi que de son chapeau,   jeux
de cartes, dites *de piquet*, fabriquées avec du papier non
filigrané et de fabrique étrangère. Ainsi donc, vu la contravention dudit S^r à l'article 166 de la loi
du 28 avril 1816, nous l'avons prévenu que nous lui
déclarions procès-verbal et saisie des   jeux de
cartes, que nous avons placées sous enveloppe, et entourées d'une ficelle, sur le nœud de laquelle nous avons
mis de la cire rouge et apposé le cachet dont l'empreinte figure en marge du présent. Sommé ledit de
faire comme nous, a répondu ne point avoir de cachet.
Cette opération terminée, nous avons prévenu ledit
           que dans la journée le dépôt des
jeux de cartes serait effectué entre les mains de M.
           , greffier du Tribunal civil, demeurant
à   , et l'avons averti que conformément
aux articles 223 et 224 de la loi du 28 avril 1816, etc.

(La fin de ce procès-verbal, sauf quelques légères
variantes, comme au n° 9 du chapitre III°.)

(Même acte d'affirmation qu'au n° 1 du chapitre Ier.)

Lettres de voiture non timbrées.

—

N° 12. — PROCÈS-VERBAL DU   184 ,

Au préjudice du sieur   , voiturier, demeurant à

L'an mil huit cent quarante-six, à   heures du
matin, à la requête de M. le Conseiller d'Etat, Directeur

général de l'administration de l'Enregistrement et des
Domaines, dont le bureau central est à Paris, rue Casti-
glione, hôtel des Finances, poursuites et diligences de
M.   , directeur de ladite administration à
                , rue   , n°   , où il fait
élection de domicile pour la suite du présent ; Nous
soussignés   ,
employés de l'octroi de   , y demeurant,
ayant serment en justice et porteurs de notre commission, agissant en vertu du décret du 16 messidor an XIII,
Certifions que ce matin, sur les   heures, s'est présenté à la barrière   , où nous étions tous
de service, un S^r   , voiturier, demeurant
à   , département d   , lequel
conduisait une charrette. Ayant sommé ledit
de nous exhiber les lettres de voiture dont il pouvait
être porteur, il nous en a présenté plusieurs, mais une
surtout, qui n'était pas timbrée, datée de   , le
                   , adressée au S^r   , à
portant expédition de   , et signée par   .
Ayant fait remarquer audit   cet incident,
ledit n'a su que répondre. Nous l'avons donc prévenu
que nous allions rapporter procès-verbal contre lui et
contre le souscripteur de ladite lettre, le S^r   ,
à l'effet de les faire condamner solidairement à l'amende
de cinq francs prononcée par l'article 4 de la loi du 6
prairial an VII, réduite par l'article 10 de celle du 16
juin 1824 à la restitution des droits, au décime et aux
frais. Ainsi donc, nous avons rapporté immédiatement
le présent procès-verbal, auquel nous avons annexé la
lettre de voiture non timbrée, après l'avoir paraphée
ne varietur. Fait et clos dans notre bureau de   ,
les jour, mois et an que dessus, à   heures du matin,

et remis copie audit   , après l'avoir signé.

(L'acte d'affirmation, comme au n° 1 du chapitre Ier.)

(Ce procès-verbal doit être affirmé, de même que les procès-verbaux d'octroi, *dans les vingt-quatre heures qui suivent la clôture.*)

Transport de poudre par un voiturier.

—

N° 13. — PROCÈS-VERBAL DU   184   .

Saisie de 15 kilogrammes de poudre, au préjudice du sieur   , voiturier , demeurant à

L'an mil huit cent, etc., etc. (comme au n° 1 du chapitre IIIme),

Certifions qu'étant de service à la barrière de   , s'est présenté à   heures du matin, pour entrer en ville, un S^r   , voiturier, demeurant à   , département d   , lequel conduisait une charrette attelée d'un cheval et chargée de divers colis. Ayant demandé audit   s'il avait quelque objet passible des droits à nous déclarer, ledit a répondu négativement. Nous avons néanmoins vérifié son chargement ; mais nos recherches ne nous ont rien fait découvrir de porté au tarif. Toutefois, ayant exigé l'ouverture d'un caisson placé sous la charrette, nous avons trouvé dans ledit caisson un paquet renfermant quinze kilogrammes de poudre de guerre. Ledit   s'étant trouvé dans l'impossibilité de justifier de la destination de ladite poudre par un passeport de l'autorité

compétente, revêtu du visa de la municipalité du lieu
du départ, nous l'avons prévenu que conformément à
l'article 30 de la loi du 13 fructidor an V, et de l'article
4 du décret du 23 pluviôse an XIII, nous lui déclarions
procès-verbal et saisie de ladite charrette, du cheval et
des quinze kilogrammes de poudre transportés par lui.
Nous avons placé ladite poudre dans un sac en cuir que
nous avons fermé avec une ficelle, sur le nœud de
laquelle nous avons mis de la cire rouge, et apposé le
cachet dont l'empreinte figure en marge du présent.
Sommé ledit de faire comme nous, a répondu ne point
avoir de cachet. Cette opération terminée, nous avons
prévenu ledit   que dans la journée le dépôt
de la poudre serait effectué entre les mains de M.   ,
entreposeur à   ; lui avons offert main-levée
du cheval et de la charrette, estimés, d'accord avec le
S^r   , à la somme de   francs, dans le cas où
il nous présenterait une caution solvable ou bien la
consignation de cette dernière somme. Mais ledit s'é-
tant trouvé dans l'impossibilité de satisfaire à l'une ou
à l'autre de ces deux conditions, nous avons déposé
provisoirement les quinze kilogrammes de poudre au
bureau central, et avons conduit le cheval et la charrette chez le S^r   , aubergiste, qui a promis
de les garder, moyennant la somme de   francs
par jour, et de les représenter à première réquisition
de justice. Prévenant enfin le S^r   que la
rédaction, etc.

(La fin de ce procès-verbal, l'acte de notification ou
celui de l'affiche, si le contrevenant n'habite pas dans
la ville dans laquelle la contravention a été constatée,
ainsi que celui de l'affirmation, comme au modèle
n° 1 du chapitre Ier.)

Transport de mélasse, ou sucre, sans acquit-à-caution.

—

N° 14. — PROCÈS-VERBAL DU   184 .

Saisie de   kilogrammes de mélasse, au préjudice du sieur   , demeurant à

L'an mil huit cent, etc. (comme au n° **1** du chapitre IIIme),

Certifions que ce matin, sur les   heures, nous trouvant tous de service sur le port   , et procédant en présence de M.   , directeur de la Compagnie des bateaux à vapeur d   , demeurant à   , à la reconnaissance de plusieurs tonneaux de mélasse déposés par ce dernier sur ledit port, le S^r   nous a exhibé une lettre de voiture exprimant la quantité de   kilogrammes de mélasse, expédiés par le S^r   , demeurant à   , au S^r   , demeurant à   . Ayant demandé audit de nous montrer l'expédition de l'administration des Contributions indirectes qui devait accompagner ce chargement, ledit   nous a répondu qu'il n'avait entre les mains que la lettre de voiture dont il s'agit. Ainsi donc, vu la contravention dudit   à l'article 33 de l'ordonnance royale du 16 août 1842, nous lui avons déclaré procès-verbal et saisie desdits   kilogrammes de mélasse, ainsi reconnus avec ledit   , après pesage à l'aide de notre romaine, et que nous avons estimés, d'accord avec le S^r   , à la somme de   francs. Toutefois la solvabilité du S^r étant parfaitement connue de nous tous, nous lui avons donné main-levée de l'objet saisi, sur sa promesse juratoire de le représenter, ou la valeur estimative, à toute réquisition de justice. Prévenant, etc.

(La fin de ce procès-verbal, la notification, ou l'affiche, ainsi que l'affirmation, comme au modèle n° 1 du chapitre Ier.)

Procès-verbal en matière de gibier.

—

N° 15. — PROCÈS-VERBAL DU   184 .

Saisie d'un lièvre, de cinq perdrix et d'une caille, au préjudice du sieur   , demeurant à

L'an mil huit cent   , le   , à   heures du matin, à la requête de M. le Procureur du roi de l'arrondissement de   , département d   , demeurant à   , Nous soussignés (noms, prénoms, domicile et qualités des employés saisissants), agissant en vertu de la loi du 3 mai 1844,

Certifions que ce matin, sur les   heures, s'est présenté à la même heure, pour entrer en ville, un S^r   , voiturier, demeurant à   , département d   , lequel conduisait une charrette attelée d'un cheval et chargée de divers objets. Ayant demandé audit   s'il avait quelques marchandises comprises au tarif de l'octroi à nous déclarer, ledit a répondu négativement. Nous avons, néanmoins, vérifié son chargement, et avons trouvé dans l'un des caissons de sa charrette, un lièvre, cinq perdrix et une caille. Ayant demandé audit   comment il se faisait qu'il eût en sa possession ce gibier, attendu que la chasse n'était pas ouverte, et que conséquemment il avait dû chasser en temps prohibé, ledit   a répondu que le gibier n'avait pas été pris par lui, et que c'était une commission dont on l'avait chargé. Sans nous arrêter aux dires du S^r   , nous l'avons prévenu que se trouvant en contravention à l'article 4 de la loi déjà citéé, nous lui déclarions procès-verbal et saisie dudit gibier, dont l'espèce est désignée plus haut, et l'avons prévenu que notre travail ne nous permettant pas de rédiger immédiatement notre procès-verbal, nous remettions sa rédaction à aujourd'hui même, à   heures du matin, dans notre bureau de   , et le sommions d'y assister, à l'effet d'y faire insérer ses dires, d'en entendre lecture et d'en recevoir copie. Et ledit jour, étant tous réunis au lieu indiqué, nous avons rédigé, en l'absence du S^r   , notre dit procès-verbal, et avons clos le susdit acte, les jour, mois et an qui figurent en tête du présent, à   heures du matin, nous réservant de le notifier audit   , ou, si besoin l'exige, de l'afficher à la porte de la mairie de   , prenant l'engagement de remettre l'original du présent procès-verbal entre les mains de M. le Procureur du roi; et avons signé.

(Même acte d'affirmation qu'au modèle n° 1 du chapitre Ier.)

Nota. Ces sortes d'actes de répression peuvent être dressés sur papier non timbré, et doivent, sous peine de nullité, être affirmés dans *les vingt-quatre heures*, et enregistrés dans les *quatre jours* qui suivent celui de leur clôture. L'enregistrement s'en fait en *debet* (art. 74 de la loi du 25 mars 1817). Ils sont également visés pour timbre en *debet* (même article), et ce visa peut avoir lieu en même temps que l'enregistrement (solution du 28 octobre 1818, Journal de l'enregistrement, n. 6353). Les deux droits sont ensuite recouvrés sur les parties, avec le montant des condamnations et autres frais.

Si, pour pratiquer la saisie, ou effectuer le transport du gibier à l'établissement de bienfaisance qui sera désigné, les employés étaient obligés de faire quelques frais extraordinaires, ils en demanderaient le remboursement au Receveur principal, sur état certifié, dont M. le Directeur des contributions indirectes de l'arrondissement autoriserait le paiement et l'inscription au compte des avances provisoires. (Circulaire de M. le Conseiller d'État, directeur général de l'administration des Contributions indirectes, du 25 juin 1846, n. 500.)

Procès-verbal en matière de douane.

—

N° 16. — PROCÈS-VERBAL DU   184 .

Saisie de 4 kilogrammes 6 hectogrammes de coton simple écru, au préjudice du sieur   , demeurant à   , département d

L'an mil huit cent   , le   , à   **heures du soir**   , à la requête de M. le Conseiller d'Etat, Directeur général de l'administration des Douanes, dont les bureaux sont établis à Paris, hôtel des Finances, lequel fait élection de domicile, pour la suite du présent, au bureau de M.   , receveur principal des douanes à   , département d   , Nous soussignés **Certifions que ce jour, vers**   heures de relevée, ayant été informés qu'un individu porteur d'un ballot renfermant des marchandises étrangères allait s'introduire en ville par la barrière de   , où nous étions tous de service, nous l'avons effectivement arrêté au moment où il cherchait à franchir ladite barrière. Lui ayant fait connaître nos qualités, nous l'avons sommé d'ouvrir en notre présence ledit paquet. Ledit ayant exécuté cet ordre, nous avons reconnu aussitôt qu'il renfermait du coton simple écru dont l'origine étrangère ne pouvait pas être mise en doute ; lui ayant demandé ce qu'il prétendait faire de ce ballot, ledit, qui a déclaré se nommer   , a répondu qu'il lui avait été remis par une personne à lui inconnue, mais qu'il devait le remettre à M.   , demeurant rue   . Nous étant rendus instantanément chez ce dernier, accompagnés du S^r , nous l'avons sommé de nous dire s'il attendait du coton d'une personne qui habite la ville de   ; ledit a répondu négativement. Ayant fait remarquer au S^r (le nom du voiturier) que cette réponse, au lieu de le décharger de la contravention que nous venions de constater, ne faisait au contraire que l'aggraver, ledit n'a su que répondre. Nous l'avons donc prévenu que, conformément à la loi du 28 avril 1816, nous lui déclarions procès-verbal et saisie dudit ballot, et l'avons sommé de nous accompagner au bureau principal de la Douane, situé rue   , pour être présent à la description des marchandises et à la rédaction du procès-verbal, afin de le signer avec nous. Ledit   a répondu qu'il allait voir auparavant une personne, et qu'il se rendrait ensuite à notre invitation. Nous étant rendus effectivement au bureau de la Douane, à   heures du soir, heure qui avait été indiquée au S^r , nous

avons attendu vainement le S^r   , et nous
avons, en son absence, procédé au recensement des
marchandises dont le détail suit : quatre kilogrammes
six hectogrammes coton simple écru en quatre-vingt-
cinq écheveaux du n° 160 anglais. Lesdits cotons ont été
remis par nous dans le même ballot, que nous avons
entouré d'une ficelle, sur le nœud de laquelle nous
avons mis de la cire rouge et apposé notre cachet, ainsi
que celui de M.   , receveur principal, et dont
les empreintes figurent en marge du présent. Et afin de
donner suite à notre présent procès-verbal, nous avons
pris l'engagement de remettre cet acte et le ballot de
coton de fabrique étrangère entre les mains de M. le
Receveur principal, pour être adressés à M. le Directeur
général de l'administration des Douanes à Paris, à l'effet
de les soumettre à l'examen du Jury chargé de prononcer sur la validité de cette saisie ; et si cette décision
confirme notre opération, des poursuites seront diri-
gées par M. le Receveur principal des douanes de
contre le S^r   , dans le but d'obtenir les condamnations voulues par la loi déjà citée et celle du
deux juin 1834.

Fait et clos le présent procès-verbal au bureau principal des douanes, à   , les jour, mois et an
qui figurent en tête du présent procès-verbal, à
heures du soir ; et attendu l'absence du S^r   ,
nous nous sommes réservé d'en afficher copie à la
porte extérieure de la douane, ce que nous avons effectivement exécuté, ladite copie devant servir de notification au S^r .   ; et avons signé, chacun pour ce
qui nous concerne. Dont acte.

(Même affirmation qu'en matière d'octroi. — Voir le
modèle n° 1 du chapitre Ier.)

7

Observation concernant ce dernier procès-verbal.

Il est rare que les employés d'octroi verbalisent en matière de douanes; mais si cependant le cas se présentait, il faudrait, lorsqu'une saisic serait opérée, faire appeler MM. les employés des douanes, qui, mieux experts dans cette spécialité, reconnaîtraient les marchandises et décideraient si elles sont de contrebande. Il est bien entendu aussi que si les employés d'octroi recevaient une indication concernant un dépôt de marchandises étrangères, ils ne pénétreraient dans le lieu désigné qu'accompagnés des employés de la douane, s'il s'en trouve dans la résidence, et assistés, dans tous les cas, d'un commissaire de police.

Modèle d'un aval de garantie.

—

Je soussigné (nom, prénoms et qualités de la caution), demeurant à   , m'oblige, par le présent acte de cautionnement, à verser entre les mains de M.   directeur de l'administration des Contributions indirectes, demeurant à   , et à première réquisition, la somme de   francs, formant le maximum de l'amende encourue par le S^r   , demeurant à   , par suite du procès-verbal dressé contre lui aujourd'hui même par MM. les employés de l'octroi de   , de service à la barrière de   , et m'engage en outre à payer entre les mains du même Directeur, toujours à première réquisition, la somme de   , montant de l'évaluation des   hectolitres   litres de vin saisis au préjudice dudit S^r   par suite du même procès-verbal.

Fait à   , le   184

N. B. Si l'acte de cautionnement avait lieu par suite d'un procès-verbal ne concernant seulement que l'octroi, il faudrait remplacer les mots : *de M.*   , *directeur*, etc., etc., par ceux-ci : *de M.*   , *préposé en chef de l'octroi de*   , *demeurant à*

L'acte de cautionnement doit être dressé sur papier timbré, et enregistré dans les quatre jours de sa date.

Loi du 10 mai 1846, relative à la perception des droits d'octroi sur les bestiaux.

—

Article premier.

A partir du premier janvier 1847, les droits d'octroi sur les bestiaux de toute espèce seront établis à raison du poids des animaux, et perçus au kilogramme.

Néanmoins, ces mêmes droits pourront continuer à être fixés par tête pour les octrois où la taxe sur les bœufs n'excédera pas huit francs.

Art. 2.

La conversion du droit par tête en droit au poids ne devra donner lieu à aucune augmentation du produit actuellement perçu.

Cette disposition sera applicable aux communes qui auront opéré la transformation et augmenté leurs tarifs avant la promulgation de la présente loi.

Art. 3.

A l'égard des villes ou bourgs dont les octrois sont affermés, la conversion de la taxe par tête en taxe au poids ne pourra avoir lieu avant l'expiration des baux, qu'avec le consentement du fermier de l'octroi.

Art. 4.

A dater de la promulgation de la présente loi, aucune adjudication d'octroi n'aura lieu, sauf l'exception éta-

blie par le deuxième paragraphe de l'article premier,
que sur un tarif par lequel les bestiaux seront imposés
au poids.

Art. 5.

La viande dite à la main ou par quartiers ne pourra
pas être soumise, à l'entrée dans les villes, à un droit
supérieur aux droits d'abattoir et d'octroi sur les bestiaux de toute espèce.

Art. 6.

Un tableau, présentant le produit total des octrois
par chapitre de perception et par commune, sera
annexé annuellement aux comptes généraux du ministère de l'intérieur.

Il comprendra 1° le nombre et les quantités de chaque espèce de bestiaux, ayant acquitté le droit d'octroi;
2° le montant du produit des droits perçus sur chaque
espèce de viande; 3° le prix de vente aux consommateurs.

Notice concernant le pesage des bestiaux de boucherie, et opérations de comptabilité qui se rattachent à cette perception.

—

Le système d'opérations que cette notice a pour but de traiter ne peut s'appliquer qu'aux villes qui ont un abattoir public placé dans l'intérieur du rayon de l'octroi.

Beaucoup de villes, en France, se trouvent effectivement dans cette catégorie; mais quant à celles qui sont dépourvues d'abattoir, et dans lesquelles les bouchers abattent les bestiaux à domicile, la perception doit nécessairement être effectuée au moment de l'introduction des bestiaux vivants. Une balance-bascule devra donc, dans ce cas, être établie à chaque barrière d'entrée; les bestiaux introduits devront être pesés immédiatement, et l'introducteur devra acquitter le droit d'octroi d'après le poids brut de ces mêmes bestiaux. Dans les villes où l'on opérera ainsi, il ne sera pas tenu à chaque barrière un second registre A *consignations*, puisque la perception, étant définitive, devra être portée au registre A, et devra figurer au bordereau de recette comme toutes les autres perceptions.

Lorsque les bestiaux introduits seront destinés à traverser seulement la ville, il sera délivré un passe-debout à l'introducteur; mais celui-ci présentera-t-il le même bœuf à la sortie? On doit supposer qu'il pourra le remplacer par un autre d'un poids moindre, et gagner ainsi le droit sur la différence. Dans cette hypothèse, il sera néanmoins facile de paralyser ce genre de fraude, en inscrivant au libellé du passe-debout le poids exact des bestiaux introduits. De cette manière l'introducteur sera tenu de représenter à la barrière de sortie le même nombre de bestiaux , ainsi que le même poids. Si les employés constataient des différences assez élevées pour ne pas être imputées au plus ou moins de régularité des deux bascules qui auraient effectué le pesage, le passe-debout ne serait visé que pour la quantité du poids reconnue, et l'introducteur serait tenu de payer la différence. Cette recette devrait être portée aussitôt au registre A , et les employés mentionneraient cette opération au bas du verso du passe-debout.

Mais s'il était démontré que l'introducteur eût échangé dans l'intérieur les bestiaux en passe-debout, dans un but de fraude, les employés seraient dans leur droit de lui déclarer procès-verbal, attendu que les peines portées par le règlement contre ceux qui altèrent ou dénaturent, dans la traversée d'une ville, des objets en passe-debout , lui seraient parfaitement applicables.

Afin d'éviter de placer à chaque barrière une bascule, il est présumable que dans beaucoup de localités on n'en établira qu'une ou deux dans l'intérieur, selon l'importance de la ville ; mais c'est surtout dans ce cas qu'il faudra soumettre l'introducteur à un *fort maximum de droit*, ainsi que je l'explique plus bas.

J'arrive maintenant au système concernant la première catégorie :

Les bestiaux de boucherie vivants introduits dans le rayon de l'octroi, soit à la destination de l'abattoir public, soit à la destination du marché intérieur, ou destinés à traverser seulement la ville, doivent être soumis à un permis d'introduction portant consignation d'un maximum de droit par tête. Ce maximum doit arriver au chiffre représentant celui que peut offrir l'un des bestiaux introduits, lorsqu'il se trouve de la plus grosse espèce. Cette consignation n'est du reste que provisoire, et ne doit servir qu'à garantir l'intégrité du droit, puisque toutes les opérations de pesage se centralisent à l'abattoir, et que c'est seulement dans cet établissement que la perception s'effectue d'après le poids brut de chaque espèce d'animal.

Si la consignation provisoire n'était pas portée au chiffre le plus élevé, les bouchers introducteurs auraient intérêt, je le répète, à ne pas présenter à l'abattoir les bestiaux qui dépasseraient par le poids le montant de la consignation, afin de ne pas avoir à payer un supplément de taxe. Ils abattraient, dès-lors, dans une tuerie clandestine les bestiaux de la forte espèce, et n'introduiraient dans l'abattoir que ceux qui pourraient donner lieu à un remboursement. De cette manière, ils frustreraient la commune d'un droit qui lui serait acquis, et toute la surveillance possible serait impuissante pour déjouer une fraude qu'il leur serait d'ailleurs si facile de commettre.

Il est donc essentiel de forcer les bouchers à venir à l'abattoir; et, pour obtenir un tel résultat, il est de toute nécessité, je le répète, que les communes établissent un *maximum* de consignation.

Ce point devenant incontestable, supposons maintenant qu'avant le nouveau système au poids, la taxe par tête fût ainsi établie sur les bestiaux de boucherie désignés ci-après :

Par bœuf ou vache	24 fr.	50 c.
Par mouton	1	50
Par agneau	1	»
Par veau ou génisse de lait.	5	50

Supposons encore que la conversion de ce droit par tête, en droit au poids, atteigne, pour les bœufs, vaches, moutons et agneaux, le chiffre de 4 fr. 49 c. par cent kilogrammes ; et pour les veaux, celui de 9 fr. 17 c. : la perception définitive sera donc établie sur cette base.

Nous aurons dès-lors :

Par	95 bœufs donnant un poids de	53,125 kilog.	2,385 fr.	25 c.
Par	28 vaches	id.	10,830	id.	486	50
Par	1,022 moutons	id.	52,089	id.	1,441	15
Par	1 agneau	id.	25	id.	1	15
Par	552 veaux	id.	36,178	id.	3,318	85

Le chiffre total de cette journée sera donc de 7,632 fr. 66 c., qui formera la recette définitive ; mais supposons, enfin, que les introducteurs aient dû consigner à leur entrée en ville,

par	par tête					pour droit d'abattage.		
95 bœufs	40 fr.	» c.	y compris	5 fr.	» c.	ci 3,800 fr.	» e.
28 vaches	50	»	—	5	»	ci 840	»
1,022 moutons	2	25	—	»	25	ci 2,299	50
1 agneau	1	25	—	»	25	ci 1	25
552 veaux	8	25	—	»	75	ci 4,554	»

En totalisant ces cinq sommes, nous aurons un chiffre de 11,494 fr. 75 c., représentant le maximum des consignations reçues aux barrières ; et si nous défalquons de cette somme celle de 7,632 fr. 66 c., montant du droit au poids, et celle de 1,284 fr. 75 c., montant du droit d'abattage, nous aurons à rembourser aux bouchers la somme de 2,577 fr. 34 c., formant la différence entre les consignations et le chiffre de la recette opérée à l'abattoir.

Ce qui précède démontre le principe théorique de la perception des bestiaux au poids ; mais il me reste actuellement à établir comment s'effectue cette perception, et à tracer la marche qu'il convient de suivre tant aux barrières qu'à l'abattoir public.

J'ai dit que les bestiaux de boucherie introduits dans le rayon doivent consigner aux barrières, selon leur espèce, un droit fixe par tête : cette consignation sera portée sur un registre A *consignations*, et une quittance de la somme versée sera délivrée à l'introducteur. Les bestiaux seront alors dirigés, ou sur le marché, ou vers l'abattoir. Si ceux qui vont au marché ne sont pas vendus, l'introducteur prendra un passe-debout du registre B *marché* au bureau de l'intérieur, et, à la sortie des bestiaux par l'une des barrières, les employés constateront la sortie sur le registre E, et aussitôt la somme consignée lui sera restituée. Quant à ceux qui seront destinés à la consommation locale, et que les bouchers présenteront à l'abattoir, leur introduction s'effectuera sans autre formalité que celle de les parquer dans l'enceinte où est établie la bascule. Le pesage aura lieu par les soins d'un vérificateur, assisté d'un commis aux écritures qui inscrira sur un registre à souche, dont le modèle suit, le nom du boucher, l'espèce et le poids des bestiaux ; d'un brigadier chargé de surveiller le mouvement des bestiaux qui passeront sur la bascule, et enfin de deux ou trois préposés dont les fonctions consisteront à trier les bestiaux d'après la *marque* adoptée par chaque boucher, et à les introduire sur la bascule.

L'opération du pesage doit avoir lieu aussitôt que les bestiaux ont pénétré dans l'abattoir : c'est le moment où il convient d'exercer une grande surveillance, parce qu'il pourrait très bien arriver qu'un boucher de mauvaise foi trouvât le moyen de glisser, parmi le troupeau, d'autres bestiaux qui auraient déjà passé sur la bascule, et parviendrait ainsi à toucher une somme à laquelle il n'aurait aucune espèce de droit. Pour rendre impossible cette fraude, il faut que le parc renfermant les bestiaux soit fermé à clef pendant l'opération du pesage, et il faut aussi que ceux qui ont passé sur la bascule soient conduits immédiatement dans les écuries, ou placés dans un autre parc qui n'ait aucune communication avec le premier, si ce n'est par la sortie de la bascule.

En agissant ainsi que je viens de l'indiquer, il est impossible qu'il existe la plus légère confusion, et l'on sera certain aussi que l'opération du pesage aura été régulièrement accomplie.

L'opération du pesage terminée, les bulletins du registre à souche sont remis au Receveur, qui fait établir le décompte entre le poids reconnu et la consignation à la barrière d'entrée.

(Voir le modèle n° 1 , ci-contre.)

NUMÉROS.	DATES.	NOMS des DÉCLARANTS.	BŒUFS.		VACHES.		MOUTONS.		AGNEAUX.		VEAUX.	
			Nombre.	Poids.	Nombre.	Poids.	Nombre.	Poids.	Nombre.	Poids.	Nombre.	Poids.

REGISTRE DE PESAGE DES BESTIAUX.

OCTROI DE   Bureau de l'abattoir.

Bulletin de pesage , n°

Du   18   , pesé pour le sieur

Bœufs.

Vaches.

Moutons.

Agneaux.

Veaux.

Bon pour

Certifié par le....
soussigné

Si les bestiaux pesés ont dépassé par leur poids le chiffre de la consignation, la somme qui forme cette différence est inscrite au registre A *recette*, et est réclamée par le Receveur de l'abattoir au boucher introducteur ; mais si le poids des bestiaux se trouve en dessous de la consignation, ce qui doit arriver fréquemment, la différence constatée est remboursée au boucher. Voici comment cette opération doit avoir lieu :

(*Voir le modèle n° 2 , ci-contre.*)

(Modèle n° 2.) *Quantités* *Décompte des Droits.*

BOEUFS.		VACHES.		MOUTONS.		AGNEAUX.		VEAUX.		Bœufs.	Vaches.	Moutons.	Agneaux.	Veaux.	CONSIGNATION.	DIFFÉRENCES	
Nombre.	Poids.	Nombre.	Poids.	Nombre.	Poids.	Nombre.	Poids.	Nombre.	Poids.	DROIT.						à percevoir.	à rembourser.
1	420									18 86					35 »		15 14
								2	165					15 14	15 »	» 14	

Le décompte ainsi établi, le montant du remboursement, ou la somme à percevoir, selon qu'il y a lieu, est porté sur le bulletin de pesage, et ce bulletin dans le premier cas indique au boucher la somme qu'il a à payer comme supplément; et, dans le second, ce bulletin lui sert pour toucher à la caisse du Receveur la somme qui lui revient. Si le Receveur a à percevoir, il doit mettre son acquit sur le bulletin et remettre cette pièce au redevable; si, au contraire, il doit rembourser, ce qui arrive, ainsi que je l'ai déjà dit, presque toujours, la partie prenante acquitte le bon, et cette pièce, conservée par le Receveur, est classée par ordre de numéro, et sert de pièce de dépense.

Pour éviter de multiplier, sur le registre A *recette consignations*, des enregistrements qui ne s'élèveraient, d'ailleurs, le plus souvent qu'à quelques centimes, le Receveur doit tenir lui-même un registre spécial (2e partie) sur lequel il doit porter les suppléments article par article. A la fin de la journée, il doit totaliser toutes ces petites sommes, et les inscrire par un seul article sur le registre A *consignations*; mais pour avoir une trace de cette opération, et expliquer la présence de cette somme sur le registre dont il s'agit, il faut que le libellé de l'enregistrement mentionne les numéros des bulletins qui ont donné lieu à ce supplément de recette.

Les registres doivent être arrêtés à la fin de chaque journée. Celui de pesage est comparé avec le registre *contrôle*; et lorsque de cette comparaison il résulte la preuve que le nombre des bestiaux pesés et le chiffre du poids qu'ils ont produit se trouvent en parfaite concordance, on doit établir un relevé général du résultat de cette même journée, article par article, et ce résultat est inscrit par le Receveur sur un second regis tre **A** *dépense*. Les arrêtés se succèdent ainsi jusqu'au cinquième jour, et forment les bordereaux comparatifs entre la recette et la dépense de la même période.

Les Receveurs aux barrières doivent arrêter les registres *consignations* tous les cinq jours, et faire un contrôle spécial pour cette recette, qui ne doit pas figurer avec celles concernant les autres branches de produits. Le bureau central doit faire un relevé de ces recettes, barrière par barrière, et adresser le bordereau, dont le modèle est d'autre part, au Receveur de l'abattoir.

(Modèle n° 3.)

Consignations à verser à la caisse du Receveur de l'abattoir.

BARRIÈRES signalées.	BŒUFS introduits	VACHES.	MOUTONS.	AGNEAUX.	VEAUX.	CONSIGNATIONS à verser par les Receveurs des barrières.	ENCAISSEMENTS		OBSERVATIONS.
							directs à l'abattoir.	signalés au Receveur municipal.	
						F. C.			
A	»	»	»	»	21	173 25	» »	173 25	
B	65	4	69	»	14	2,990 75	2,990 75	»	
C	»	»	73	»	»	164 25	» »	164 25	
D	»	2	1	»	73	664 50	» »	664 50	
E	47	25	1,063	5	479	8,979 75	2,350 »	6,629 75	
TOTAUX.	112	31	1,206	5	587	12,972 50	5,340 75	7,631 75	

Produit des recettes supplémentaires à l'abattoir.   .   .   10   30

12,982 fr.   80 c.

Comparaison ou rapprochement de la dépense (Voyez le tableau qui suit la consignation par tête) :

Bœufs , 95 ; — Vaches , 28 ; — Moutons , 1,022 ; — Agneau , 1 ; — Veaux , 552.   11,505 fr.   05 c. (1)

Récapitulation des bestiaux manquants , formant l'encaisse :

Bœufs. . .	17	680	»
Vaches . . .	3	• 90	»
Moutons . . .	184	444	»
Agneaux. . .	4	5	»
Veaux . . .	35	288	75

1,477 fr.   75 c.

Somme égale à la recette.   .   .   .   12,982 fr.   80 c.

(1) Y compris les 10 fr. 30 c. provenant de la recette supplémentaire opérée à l'abattoir.

Les relevés du registre A *consignations* n'étant établis que le cinquième jour, les fonds ne peuvent être dirigés conséquemment sur l'abattoir que le sixième. Néanmoins, les opérations ont déjà eu lieu dans cet établissement, et au moment où le bordereau des cinq jours parvient au Receveur, celui-ci peut se rendre compte de ses opérations. Le modèle de bordereau qui précède rend effectivement compte de la situation de l'abattoir pendant cette période. On y voit que 112 bœufs, 31 vaches, 1,206 moutons, 5 agneaux et 587 veaux sont restés dans l'intérieur du rayon, et ont payé le maximum de la consignation ; on y voit aussi, à la comparaison de la dépense, que 95 bœufs, 28 vaches, 1,022 moutons, 1 agneau et 552 veaux ont été pesés, et que pour ces derniers bestiaux la perception a été définitive. Mais d'après ce même bordereau, le Receveur reste encore débiteur d'une somme de 1,477 fr. 75 c., formant son encaisse des cinq jours : cette somme est applicable aux bestiaux que les bouchers ont conservés dans les écuries de la ville, mais qu'ils présenteront vraisemblablement à l'abattoir dans les cinq jours qui vont suivre. S'il arrive que les bouchers abattent dans leur domicile une partie de ces bestiaux, la consignation qui est entre les mains du Receveur sera toujours là pour garantir le droit, et, dans ce cas, celui-ci sera tenu de liquider cet arriéré de compte aussitôt qu'il en recevra l'ordre du bureau central. Pour opérer cette liquidation, il faut convertir la somme consignée en autant de kilogrammes par chaque espèce de bétail, et porter la somme au contrôle de la même manière que si les bestiaux avaient été pesés.

Il ne faudrait pas cependant trop presser cette liquidation, parce que, si le boucher introduisait à l'abattoir des bestiaux qui auraient déjà figuré à la liquidation, on concevra facilement que ces mêmes bestiaux se produisant de nouveau, cette opération porterait nécessairement une certaine perturbation dans la comptabilité. Toutefois, si le Receveur a un encaisse trop considérable, on peut tous les trimestres faire liquider une partie des bestiaux dont il a la consignation ; mais dans le second cas, c'est-à-dire , si le chiffre des bestiaux restés dans l'intérieur est peu important, il convient de ne procéder à cette liquidation qu'à la fin de l'exercice, et même à cette époque on ne doit agir qu'avec circonspection, et ne désigner au Receveur que les bestiaux qui figurent depuis longtemps en retard. Il est, du reste, impossible qu'il n'existe pas un reliquat en fin d'année, la balance des bestiaux restés dans l'intérieur, et ceux introduits à l'abattoir, ne pouvant pas être établie d'une manière complète, par suite du motif que je viens d'expliquer ; mais ce reliquat est porté en reprise, et forme la prise en charge au compte du Receveur au commencement de l'exercice.

Le Receveur de l'abattoir doit connaître, avant même que le bordereau des cinq jours lui ait été remis, la situation de la dépense. Il ne doit donc faire prendre aux différentes barrières que les sommes dont il se trouve à découvert par suite des remboursements effectués aux bouchers. On verra que cette marche a été effectivement suivie dans le tableau qui précède.

La somme portée au bordereau est de 12,979 fr. 50 c. ; le Receveur, ~~néanmoins~~, n'a pris que celle de 5,340 fr. 75 c. aux barrières B et E, et a fait verser directement les consignations des barrières A, C, D, et une partie de celle de E, dans la caisse du Receveur municipal. Voici comment s'est effectuée cette opération : le

Receveur de l'abattoir a délivré quittance du registre A *consignations* aux Receveurs des barrières B et E pour les sommes encaissées par lui, et de son côté le Receveur municipal a délivré aux Receveurs des barrières A, C, D et E (pour les 6,629 fr. 75 c.) une quittance de la somme reçue par lui. Toutefois, le Receveur de l'abattoir a eu à inscrire sur son registre A *recette consignations* les sommes qui suivent : barrière A, 173 fr. 25 c.; — B, 2,990 fr. 75 c.; — C, 164 fr. 25 c.; — D, 664 fr. 50 c.; — E, 1er enregistrement, 2,350 fr.; 2me enregistrement, 6,629 fr. 75 c.; de plus, 10 fr. 30 c. provenant de recettes supplémentaires (excédant de péage); et, en totalisant ces diverses sommes, on trouve celle de 12,982 fr. 80 c., qui est bien la somme qui figure au bordereau modèle n° 3.

(Modèle nº 1.)

NOMBRE DES					POIDS RECONNU SUR LES					Consignations versées.	Excédants reçus.	Remboursements à effectuer aux bouchers.	Observations
Bœufs.	Vaches.	Moutons.	Agneaux.	Veaux.	Bœufs.	Vaches.	Moutons.	Agneaux.	Veaux.				
95	28	1,022	1	552	53,123	10,830	32,089	25	36,178				
Droit d'abattage par tête.					*Droit d'octroi d'après le poids.*					11,494 75	10 30	2,587 64	
fr. c.	fr. c.	fr. c.	fr. c.	fr. c	fr. c.	fr. c.	fr. c.	fr. c.	fr. c.				
475 »	140 »	255 50	» 25	414 »	2,385 25	486 30	1,441 13	1 13	3,318 85	11,505 fr. 05 c.			
1,284 fr. 75 c.					7,632 fr. 66 c.							2,587 64	

Total général de la dépense............ 11,505 fr. 05 c.

Restant en caisse.................. 1,477 75

Somme égale à la recette............ 12,982 fr. 80 c.

Modèle d'un bulletin de pesage.

(Modèle n° 5.)   (*Restitution au boucher.*)

OCTROI DE			*Bureau de l'abattoir.*
	Bulletin de pesage , n° 20,251.		
Du	18	, *posé pour le sieur N.*	
1	Bœufs.	420	Bon pour 16 fr. 14 c.
	Vaches.		
	Moutons.		*Certifié par le soussigné.*
	Agneaux.		(Signature du boucher qui reçoit.)
	Veaux.		

Modèle d'un bulletin de décompte portant remboursement.

Modèle n° 6.)   (*Bulletin de contrôle envoyé au bureau central.*)

ESPÈCE de BÉTAIL.	QUANTITÉ	NOMBRE de kilogrammes	MONTANT des consignations		DROIT DU d'après le poids reconnu.		DIFFÉRENCES			
							à percevoir.		à rembourser.	
Bœuf.	1	420	55	"	18	86	"	"	16	14

N° 20,251.   *L'an 18*   , et le   à   *heures du*

les *Vérificateur et Préposé soussignés certifient avoir pesé pour le sieur N.*   ,
la quantité de   *qui a produit*

quatre cent vingt kilogrammes.

(Signature des employés.)

Vu par le Receveur.

(Signature du Receveur.)

Ces deux modèles suffisent pour faire comprendre l'opération qu'il convient de faire lorsqu'il y a restitution, ou supplément de paiement par le boucher. Dans le premier cas, le bulletin doit être rempli, ainsi que le modèle l'indique; dans le second, au lieu de mettre *bon pour*   , on doit substituer le mot *doit* (inscrire la somme), et ce bulletin doit porter l'acquit du Receveur.

Quant au modèle de décompte, il n'y a qu'un changement de colonne à opérer, selon qu'il y a lieu à percevoir ou à rembourser.

La balance entre les bestiaux introduits en ville, et ceux pesés à l'abattoir, ne présente pas toujours un résultat aussi complet que celui qui ressort de l'examen des deux bordereaux de recette et de dépense qui précèdent. Il arrivera, en effet, quelquefois, que la dépense dépassera la recette; cela dépendra des marchés, et du plus ou moins de bestiaux qui seront restés dans l'intérieur de la ville avant le dernier arrêté des cinq jours; mais l'encaisse de la recette de l'abattoir couvrira bientôt cette irrégularité momentanée, et la balance se rétablira par les introductions nouvelles. Ce qui me fait dire, avec une conviction profonde, que le mode de la perception au poids dans les villes qui ont un abattoir public, est le meilleur contrôle que l'on puisse avoir pour acquérir la certitude qu'il ne se commet pas de fraude sur les bestiaux de boucherie. Car, si les introductions à l'abattoir venaient à dépasser celles effectuées aux barrières, il serait facile de voir que la fraude n'est pas étrangère à ces sortes d'introductions, et dès-lors la sollicitude de l'Administration serait fortement éveillée par l'incident qui se produirait.

D'après ce qui précède, deux modes pour le pesage

des bestiaux vivants peuvent être employés par les communes. L'un consiste, ainsi que je l'ai dit, à établir une bascule à chaque barrière d'entrée, à l'effet de procéder au pesage de tous les bestiaux de boucherie introduits, de percevoir immédiatement les droits d'octroi sur ceux destinés à la consommation intérieure, et de délivrer des passe-debouts pour ceux qui ne doivent seulement que traverser la ville; à la condition cependant de peser une seconde fois ces derniers bestiaux à la sortie, afin d'empêcher par là les bouchers de se livrer à des substitutions dans l'intérieur du lieu sujet.

Le second mode concerne les villes qui possèdent un abattoir public dans l'intérieur. Je crois avoir suffisamment tracé la marche qu'il convient de suivre dans ce dernier cas; mais si j'avais omis quelques points de détail, les communes sauraient facilement remédier à cet oubli.

Toutefois, je dois dire, en terminant cette notice, qu'il est à craindre que, dans un but d'économie mal conçu, quelques villes, qui n'ont pas d'abattoir public, ne reculent devant la dépense d'établir une bascule à chaque barrière d'introduction. Dans cette hypothèse, voici comment, je pense, elles opéreront:

Une bascule sera placée dans l'intérieur de la ville dans le point le plus central; lors de l'introduction des bestiaux par les barrières, les bouchers ou tous autres introducteurs devront se munir d'un passe-debout et consigner par tête de bétail un maximum de droit. Les bestiaux une fois introduits seront dirigés, ceux destinés à être abattus, à la bascule, où la perception s'effectuera d'après le poids brut de l'animal; les autres traverseront seulement la ville, et, à la barrière de sortie, il sera restitué à l'introducteur la somme portée au libellé du passe-debout.

Mais que d'inconvénients graves pourront résulter de cette manière d'opérer! Je vais indiquer ici ceux qui m'ont le plus frappé.

En adoptant le système d'une ou de plusieurs bascules dans l'intérieur, selon que le besoin du service l'exigera, il faudra nécessairement marquer à froid ou au fer chaud tous les bestiaux introduits : cette mesure sera essentielle, parce que, si l'on se contentait purement et simplement de délivrer des passe-debouts sans soumettre les bestiaux à la formalité de la marque, les bouchers introduiraient deux sortes de bestiaux, les uns d'une petite espèce, et les autres d'un poids plus élevé. Les premiers seraient conduits à la bascule, et l'introducteur toucherait la différence entre le poids reconnu et le chiffre de la consignation; mais ces bestiaux ne seraient pas abattus et seraient présentés ensuite à la sortie, à l'effet de faire décharger les passe-debouts qui auraient servi à l'introduction d'autres bestiaux d'une plus forte espèce que les premiers. De cette manière, le boucher qui se serait livré à cette fraude aurait trompé deux fois la commune : d'abord, en recevant une somme provenant de la différence dont il s'agit, et puis, ensuite, il aurait pu abattre des bestiaux d'un poids supérieur au chiffre de la consignation, et aurait ainsi frustré le droit sur l'excédant de pesage.

D'ailleurs, pourra-t-on rendre la marque à froid assez indélébile pour que les bouchers ne trouvent pas le moyen de la faire disparaître ? ensuite, quel embarras il faudra se donner pour marquer les moutons. La laine sera toujours un obstacle à ce que la marque soit bien appliquée; et en même temps que cette opération sera fort longue, on ne sera jamais certain de son exactitude.

La marque au fer chaud présente encore des inconvénients plus graves : appliquée sur le cuir, elle peut le détériorer; appliquée sur la corne, elle peut occasionner des accidents.

· Dans les villes où les introductions seront nombreuses, le service des passe-debouts prendra une croissance immense : on comprend dès-lors toute la sollicitude qu'il faudra avoir pour que dans un si grand nombre d'expéditions il ne se glisse pas des abus. Pour se prémunir contre eux, il sera de toute nécessité de placer au moins deux employés à chaque bascule : eh bien ! les frais occasionnés pour ce nouveau service absorberont certainement, par la suite, ceux de premier établissement concernant les bascules placées à chaque barrière d'entrée.

Je le dis avec une conviction qui a pris sa source dans l'expérience des choses : ce dernier système me paraît presque impraticable, ou du moins il présente des inconvénients tellement évidents qu'il me semble impossible que quelques communes l'adoptent, lors de la perception du droit au poids sur les bestiaux de boucherie.

Dans les villes où il sera établi une bascule à chaque barrière d'entrée, on ne sera pas tenu de peser même tous les bestiaux, attendu que, lorsqu'un fort troupeau de bétail se présentera pour traverser le rayon de l'octroi, l'introducteur préférera payer plutôt des frais d'escorte que de faire peser ses bestiaux destinés en passe-debout. De cette manière les droits de la commune seront parfaitement garantis, soit par la surveillance de ses agents, soit par la formalité du passe-debout.

Moyenne de ce que rend le bétail de boucherie.

Dénomination des Bestiaux.	Brut.	Net.	Sang.	Cuir.	Suif.	Abatis.	Vidange.	Déchet.	OBSERVATIONS.
	kilog.	kilog.	kilog	kilog	kilog	kilog.	kilog	kilog	
Bœuf.	580	320 à 330	15	35	25 à 30	120	55	40	
Vache.	417	200 à 208	12	25	20	105	50	10	
Mouton.	31	16	2	2	2	3	5	1	
Veau.	68	40	3	5	»	10	8	2	

Instruction et contrôle des opérations qui s'effectuent aux barrières.

—

Les expéditions concernant les vins et les spiritueux que les voituriers doivent exhiber aux employés d'octroi lorsqu'ils transportent les uns ou les autres de ces liquides, se composent ainsi qu'il suit :

1° Congé du registre n° 1, concernant la circulation des vins.

2° Acquit-à-caution n° 2 A, concernant les vins à la destination de débitants et de marchands en gros de boissons.

3° Acquit-à-caution n° 2 B, concernant les spiritueux adressés aux mêmes assujettis.

4° Passavant n° 3, concernant les propriétaires récoltants.

5° Congé n° 4 A, droit de détail à l'enlèvement pour les quantités inférieures à l'hectolitre en cercles, et à 25 litres en bouteilles.

6° Congé n° 4 B, droit de consommation pour les spiritueux.

Toutes les fois qu'il est présenté à l'entrée l'une de ces expéditions, les employés doivent examiner si le délai accordé coïncide avec l'arrivée du liquide, et vérifier, aussi, si la quantité contenue dans les fûts se trouve en rapport avec celle exprimée au libellé du titre. Si l'heure est périmée, ou s'il existe une différence en plus ou en moins, ils doivent verbaliser contre le voiturier qui demeure seul responsable du fait constaté.

Les congés démontrent que les droits de circulation et de consommation ont été acquittés au départ, et les acquits-à-caution garantissent seulement l'un ou l'autre de ces deux droits.

Les passavants ne sont délivrés qu'aux propriétaires récoltants, qui jouissent ainsi de l'exemption du droit de circulation sur les vins consommés par eux; mais l'Administration des Contributions indirectes se montre très rigoureuse lorsqu'il lui est démontré, par un procès-verbal motivé, que l'on a profité de cette faveur, accordée par la loi, pour frustrer le trésor du droit de circulation : c'est-à-dire, lorsque les propriétaires récoltants se munissent d'un passavant, et qu'au lieu de conduire le vin dans leur domicile, ils l'introduisent dans celui d'une personne à laquelle ils l'ont vendu.

Cette fraude, qui a lieu assez communément, doit attirer l'attention des préposés d'octroi. Ils doivent donc, lorsqu'on leur présente des liquides accompagnés d'un passavant, s'assurer s'ils sont conduits à la destination portée sur cette expédition. Toutefois, cette surveillance ne doit s'exercer par eux que lorsqu'ils ont des doutes presque certains, attendu que leur service étant essentiellement à la barrière, la perception pourrait souffrir d'absences trop réitérées. La fraude, dont il s'agit, est du reste très difficile à constater, parce que les propriétaires qui la commettent prennent toutes les précautions possibles pour arriver à leur but. Il faudra, dès-lors, que de leur côté les employés ne se laissent pas dépasser par les ruses de leurs adversaires, et qu'ils prennent bien leurs dispositions pour déjouer leurs manœuvres.

La meilleure de toutes est celle de suivre à une très grande distance les chargements, et de n'intervenir qu'au moment où les fûts sont roulés dans le domicile du faux destinataire.

Contrôle des registres n° 10 et A.

—

Nomenclature des registres de perception tenus aux barrières.

1° Registre n° 10, concernant la perception des droits d'entrée et d'octroi sur les vins et les spiritueux.

2° Registre A, concernant la perception du droit d'octroi sur tous les objets portés au tarif.

3° Registre 33 A, relatif à l'enregistrement des sommes versées pour garantir les droits des liquides imposés, et destinés en passe-debout.

4° Registre B, destiné à enregistrer aussi les sommes provenant de passe-debouts délivrés pour garantir le droit de la commune.

Toutes les perceptions s'effectuent à l'aide des registres qui précèdent. Si l'introducteur exhibe un congé du registre n° 1, mentionnant la quantité de 210 litres de vin, par exemple, on doit inscrire cette quantité sur le registre n° 10, et remplir toutes les indications qui se trouvent audit registre. Les droits d'entrée et d'octroi sont alors perçus par le Receveur, d'après le tarif, et une quittance est délivrée par lui à l'introducteur.

Il en est de même pour ce qui concerne les perceptions inscrites au registre A. Les sommes portées ainsi sur ces deux registres et sur le 33, et registre B, forment l'encaisse du Receveur. Ces sommes se versent ensuite de cette manière : celles appartenant au trésor, dans la caisse du Receveur principal des Contributions indirectes; celles revenant à la commune, dans celle du Receveur municipal. Dans les barrières où la perception est importante, les Receveurs doivent verser les fonds dans la première caisse, plusieurs fois par mois; mais, quant à ceux de la commune, les versements doivent s'opérer tous les cinq jours.

Les registres de caisse doivent porter jour par jour le résultat de la recette, et doivent mentionner également la date des versements effectués.

Le système du contrôle a pour principal but de rendre presque impossibles les malversations; mais il procure, en outre, un autre résultat : c'est celui de relever, le lendemain du jour de la perception, les erreurs qui ont pu se commettre aux barrières dans l'application du tarif.

Je vais maintenant exposer ce mode, aussi simple que facile à exécuter :

Ainsi que je viens de l'indiquer, toutes les perceptions aux barrières sont inscrites sur les registres n° 10 ou A; cela posé, il est facile de comprendre que le contrôle doit s'établir sur ces deux registres.

A cet effet, deux registres à souche, dont le modèle suit, doivent être tenus à chaque barrière; au recto de ces registres, dont l'un est affecté au registre n° 10 et l'autre au registre A, on doit inscrire les quantités introduites, ainsi que le droit à percevoir. Le bulletin, signé par le Vérificateur, doit être remis au contribuable, qui passe à la recette, verse entre les mains du Receveur la somme portée sur le bulletin, et reçoit en échange une quittance des registres 10 ou A. Cette opération accomplie, le bulletin du registre *contrôle* doit être remis à l'un des préposés de service à la barrière. Celui-ci doit reconnaître l'objet sur lequel la perception vient d'être effectuée, doit lire l'énoncé du bulletin à haute voix, laisser passer l'introducteur, signer le bulletin, qui doit être aussi signé par le Receveur, et doit le mettre à la boîte.

Nº   L'an 18   et le

à   heure du   , le Vérificateur soussigné
certifie avoir reçu la déclaration et avoir reconnu , avec
les instruments fournis par l'Administration , la quantité
de

en   présentée par

le Sʳ   , pour la (*)

(*) *Consommation , traversée ou sortie.*

REGISTRE DE CONTROLE

QUANTITÉS.	OBJETS.	DROITS.

BUREAU d   Nº

L'an 18   et le
à   heure du   , les
soussignés , Vérificateur et
Préposé , certifient avoir reçu
la déclaration et reconnu ,
avec les instruments fournis
par l'Administration , la
quantité de

le Sʳ   en   présentée par
, pour la   de

Le Vérificateur,   *Le Préposé,*   *Le Receveur,*

N. B. Les registres-contrôle devront porter au *verso* un certain nombre de colonnes ; elles serviront à l'émargement des quantités qui figureront au *recto*, et les indications qui formeront l'en-tête de ces mêmes colonnes seront remplies à la main par les employés , selon la nature de l'objet qui aura été soumis à la perception.

La recette ainsi opérée sur les registres n° 10 ou A, et celui du contrôle portant les mêmes énonciations que ces registres de recette, l'arrêté doit avoir lieu, soit tous les jours dans les grandes barrières, soit tous les cinq jours dans les bureaux peu importants. Les résultats du registre-contrôle sont alors inscrits sur la feuille dont le modèle suit, article par article ; et cette feuille, qui mentionne aussi la récapitulation de tous les chapitres de perception, doit être signée par le Vérificateur, et doit être jetée par lui à la boîte.

Cette feuille sert à rapprocher les bulletins du modèle n° 1 des quantités inscrites sur ladite feuille, et est conséquemment le meilleur point de contrôle que l'on puisse avoir, puisque le chiffre de la recette porté au bordereau de recette doit être le même que celui du contrôle.

(Voir le modèle n. 2, ci-contre.)

NUMÉROS des Bulletins.	DÉTAIL DES ARTICLES.	DROITS.	OBSERVATIONS.

CHAPITRES.	QUANTITÉS	ARTICLES.	DROITS D'ENTRÉE.		DÉTAIL des DROITS D'OCTROI.	DROITS D'OCTROI par CHAPITRES.
			principal.	décime.		
Boissons et liquides .						
Comestibles						
Combustibles.						
Fourrages						
Matériaux						
REPORT DES ADDITIONS.						
Boissons	Minuties.	Petit comptant d'octroi.				
Comestibles . .		Tronc				
Combustibles.						
Fourrages . . .		Totaux. . . .			Droits d'octroi.	
Matériaux . . .					Droits d'entrée.	
Minuties . . .		Droit d'entrée. . .			TOTAL général.	
Total général.						

Vu et vérifié ,
          , le
Le Contrôleur ambulant ,

Le présent contrôle s'élevant à la somme de
est certifié conforme aux introductions , enregistrements et perceptions
opérés au Bureau de   , le
Le Vérificateur ,   *Le Receveur ,*

Les Receveurs des barrières doivent , de leur côté, dresser tous le[s] cinq jours un bordereau de versement semblable au modèle qui suit. C[e] bordereau doit être rapproché , au bureau central , du contrôle fourn[i] pendant la même période; et ces deux pièces, qui se contrôlent ensembl[e] offrent la preuve certaine que les opérations effectuées aux barrièr[es] ont été parfaitement régulières.

(Modèle n° 3.)

Bordereau de versement du droit d   , du   au   18

CHAPITRE UNIQUE.	QUANTITÉS.	ARTICLES.	DROITS D'ENTRÉE.		DROITS D'OCTROI.
			principal.	décime.	
Boissons et Liquides. . .					
		Boissons			
		Comestibles			
		Combustibles			
		Fourrages			
		Matériaux			
		Minuties			
Droit d'entrée. . . .		Totaux.			
Produit des timbres.		Total du droit d'entrée. .			
Total					

Certifié par le Receveur.

le   84

Le même contrôle, établi pour les recettes, s'applique aussi, en quelque sorte, aux passe-debouts. Le modèle n° 1, en effet, a été conçu de manière à pouvoir servir de contrôle aux registres n° 11 et B (*passe-debouts*), et le modèle qui suit indique suffisamment comment on doit opérer aux barrières.

(Voir le modèle n° 4, ci-après.)

Journée du

Extrait des Registres n° 11 et B. (Passe-debouts.)

ESPÈCE de registre.	NUMÉROS des articles.	NOMS des SOUMISSIONNAIRES.	OBJETS déclarés en passe-debout.	QUANTITÉS.	DEGRÉ.	CONSIGNATIONS.	BUREAUX de sortie.	DÉCHARGES.		TRANSITS. Numéros.	BUREAUX.	NUMÉROS des quittances.	OBSERVATIONS.
								Sorties. Numéros.	Entrepôts Numéros.				

INDICATIONS des REGISTRES. — Nº 15 ou E.	NUMÉROS des ARTICLES.	DATES.	PASSE-DEBOUTS DÉCHARGÉS.				OBJETS SORTIS.	QUANTITÉS	DEGRÉ des SPIRITUEUX.	Observations.
			NUMÉROS.	DATES.	BUREAUX.	SOUMISSIONNAIRES.				

Vu, *vérifié et collationné par le*
Receveur soussigné,

Les Extraits ci-dessus et d'autre part sont certifiés conformes aux Registres
par le Vérificateur soussigné.   , le

Cette dernière feuille doit être envoyée au bureau central toutes les fois que les barrières ont eu à délivrer, dans la journée, des passe-debouts, soit du registre n° 11, soit du registre B. Le travail se fait au bureau central, qui doit signaler aux divers Receveurs les passe-debouts non déchargés, et ordonner de porter en recette définitive ceux compris dans la liquidation.

Quant aux petites perceptions qui s'effectuent aux barrières, et qui par leur peu d'importance ne sont pas portées au registre A *recette*, on doit placer dans chaque bureau une boîte scellée au mur et fermée à clef. On doit encore établir, dans ces mêmes bureaux, un registre petit comptant sur lequel on inscrit les sommes qui ne dépassent pas soixante-quinze centimes ; ce registre étant à souche, on remet au contribuable le petit bulletin qui lui sert de quittance.

Tous les dix jours, le Contrôleur ambulant ouvre la petite boîte, dont il a la clef, et compte les *sous*, en présence de deux employés qui l'aident à compter. Il doit arrêter ensuite le petit comptant, sur lequel il inscrit la somme trouvée dans la boîte, et doit porter le total de l'arrêté sur le registre-contrôle ordinaire. Le Receveur doit inscrire de son côté cette somme sur le registre A *recette*, et doit faire figurer ladite somme à son bordereau de recette des cinq jours.

Installation d'un Receveur d'octroi.

—

. L'an mil huit cent   , le   , à   ,
je soussigné   de l'octroi de   ,
Certifie qu'en exécution des ordres de M.   ,
préposé en chef de l'octroi municipal de la ville de
          , j'ai procédé à l'installation du S^r
(désigner son grade), nommé par commission du
          aux fonctions de receveur au bureau
de   , en remplacement du S^r ,
receveur audit bureau (admis à la retraite ou appelé à
d'autres fonctions), et dont le S^r (son grade)
était intérimaire. J'ai donc invité lesdits à se rendre au
bureau dont il s'agit, pour faire la caisse en leur présence, remettre au nouveau titulaire les fonds trouvés
dans ladite caisse, et lui faire en même temps la remise
des effets mobiliers et ustensiles dépendants de ce
bureau.

Lesdits ayant déféré à mon invitation, nous avons
de suite constaté l'actif et le passif des recettes opérées
dans ledit bureau, savoir :

Pour les contributions indirectes depuis le
     jusqu'au   , timbres compris, la somme de
     (mettre en toutes lettres),   ci   0,000 00
Passant ensuite aux recettes opérées pour
     l'octroi depuis le   jusqu'au   ,
     nous avons reconnu qu'elles s'élevaient à
     la somme totale de (en toutes lettres), ci   0,000 00
Nous avons ajouté à cet effectif celui cons-

taté sur le registre 33 A, s'élevant à (en
toutes lettres),   ci   0,000 00
Plus, sur le registre B,   ci   0,000 00
Consignations diverses, produits de dégus-
tations, etc., etc.,   ci   0,000 00

Lesquelles sommes réunies forment le total
de   ci   0,000 00

Après cette opération le S^r   nous a
justifié, savoir :
1° Des versements à M. le Receveur principal, portés
sur le registre 33, s'élevant à la somme
de   ci   0,000 00
2° Des versements faits à M. le Receveur
municipal, s'élevant à   ci   0,000 00
3° Des remboursements sur le registre
33 A,   ci   0,000 00
4° Des remboursements sur le registre
B,   ci   0,000 00
5° Espèces et passe-debouts des autres
barrières,   ci   0,000 00

Le total du passif s'élève donc à la somme
de   ci   0,000 00
et se trouve parfaitement conforme à la
somme de   ci   0,000 00

Le S^r   , qui a assisté à ce dépouillement,
en a reconnu la sincérité, et a immédiatement retiré
les titres et encaissé les espèces, au moyen de quoi
ledit S^r   est parfaitement libéré de sa gestion
(comme receveur ou comme intérimaire) de la recette
de   , laquelle demeure dès aujourd'hui sous
la responsabilité dudit S^r   , que nous installons
receveur affecté audit bureau.

Après ce compte-rendu des deniers, le S[r]
a fait connaître audit S[r]   que l'effectif du
mobilier et des ustensiles était conforme à l'inventaire
qu'il lui a remis ; dont décharge pour ledit S[r]

Nous avons, de tout ce qui précède, rédigé le présent
procès-verbal en triple expédition, dont l'une pour
l'Administration, la seconde pour le S[r]   ,
et la troisième pour le S[r]   ; et avons clos
ledit procès-verbal d'installation à l'heure de   ,
nous réservant de le faire copier sur le registre d'ordres
généraux ; et avons signé.

Extrait de la loi du 28 avril 1816.

—

CHAPITRE Ier. — *Droits de circulation.*

ARTICLE 1er. A chaque enlèvement ou déplacement de vins, cidres, poirés, eaux-de-vie, esprits et liqueurs composées d'eau-de-vie ou esprits, sauf les exceptions qui seront énoncées par les articles 3, 4 et 5, il sera perçu un droit de circulation, conformément au tarif annexé à la présente loi sous le n° 1.

ART. 2. Il ne sera dû qu'un seul droit pour le transport à la destination déclarée, quelles que soient la longueur et la durée du trajet, et nonobstant toute interruption ou changement de voie et de moyens de transport.

ART. 3. Ne seront pas assujettis au droit imposé par l'article 1er : 1° les boissons qu'un propriétaire fera conduire de son pressoir ou d'un pressoir public dans ses caves ou celliers ; 2° celles qu'un colon partiaire, fermier ou preneur à bail emphythéotique à rente, remettra au propriétaire ou recevra de lui, en vertu de baux authentiques ou d'usages notoires ; 3° les vins, cidres et poirés qui seront expédiés par un propriétaire, colon partiaire ou fermier, des caves ou celliers où sa récolte aura été déposée, et pourvu qu'ils proviennent de ladite récolte, quels que soient le lieu de la destination et la qualité du destinataire.

ART. 6. Aucun enlèvement ni transport de boisson ne pourra être fait sans déclaration préalable de l'expéditeur ou de l'acheteur, et sans que le conducteur soit muni d'un congé, d'un acquit-à-caution ou d'un passavant, pris au bureau de la Régie. Il suffira d'une seule de ces expéditions pour plusieurs voitures ayant la même destination, et marchant ensemble.

ART. 10. Il ne sera délivré de passavant, congé ou acquit-à-caution, que sur les déclarations énonçant les quantités, espèces et qualités de boissons, les lieux d'enlèvement et de destination ; les noms, prénoms, demeures et professions des expéditeurs, voituriers et acheteurs ou destinataires (1). Dans les cas d'exception posés par l'article 3, les déclarations contiendront en outre la mention que l'expéditeur est réellement propriétaire, fermier ou colon partiaire récoltant, et non marchand en gros ni débitant, et que les boissons expédiées proviennent de sa récolte.

ART. 11. L'obligation de déclarer l'enlèvement et de prendre des expéditions n'est point applicable aux transports de fruits et vendanges.

ART. 13. Les boissons devront être conduites à la destination déclarée, dans le délai porté sur l'expédition. Ce délai sera fixé en raison des distances à parcourir et des moyens de transport. Il sera prolongé, en cas de séjour en route, de tout le temps pendant lequel le transport aura été interrompu. Il n'y aura lieu à la perception d'un nouveau droit de circulation, que dans le cas où l'interruption serait suivie d'un changement de destination.

ART. 17. Les voituriers, bateliers et tous autres qui transporteront ou conduiront des boissons, seront

---

(1) Les noms des destinataires peuvent n'être déclarés qu'aux lieux d'arrivée. (Article 43 de la loi du 21 avril 1832.)

tenus d'exhiber, à toute réquisition des employés des Contributions indirectes, des Douanes et des Octrois, les congés, passavants, acquits-à-caution ou laissez-passer dont ils devront être porteurs ; faute de représentation desdites expéditions, ou en cas de fraude ou de contravention, les employés saisiront le chargement ; ils saisiront aussi les voitures, chevaux et autres objets servant au transport, mais seulement pour garantie de l'amende, à défaut de caution solvable. Les marchandises faisant partie du chargement, qui ne seront pas en fraude, seront rendues au propriétaire.

ART. 18. Les voyageurs ne seront pas tenus de se munir d'expéditions pour les vins destinés à leur usage pendant le voyage, pourvu qu'ils n'en transportent pas au-delà de trois bouteilles par personne.

ART. 19. Les contraventions au présent chapitre seront punies de la confiscation des boissons saisies, et d'une amende de 100 à 600 francs, suivant la gravité des cas.

CHAPITRE II. — *Droits d'entrée.*

ART. 20. Il sera perçu au profit du trésor, dans les villes et communes ayant une population agglomérée de deux mille âmes (1) et au-dessus, conformément au tarif annexé à la présente loi sous le n° 2 (2), un droit d'entrée sur les boissons introduites ou fabriquées dans l'intérieur, et destinées à la consommation du lieu.

ART. 23. Les vendanges et les fruits à cidre ou à

(1) 4,000 âmes. (Article 3 de la loi du 12 décembre 1830.)
(2) Remplacé par le tarif annexé à la loi du 12 décembre 1830.

poiré seront soumis au même droit, à raison de trois hectolitres de vendange pour deux hectolitres de vin, et de cinq hectolitres de pommes ou poires pour deux hectolitres de cidre ou de poiré.

Les fruits secs, destinés à la fabrication du cidre et du poiré, seront imposés à raison de vingt-cinq kilogrammes de fruits pour un hectolitre de cidre ou de poiré. Les eaux-de-vie ou esprits altérés par un mélange quelconque seront soumis au même droit que les eaux-de-vie ou esprits purs.

Art. 24. Tout conducteur de boissons sera tenu, avant de les introduire dans un lieu sujet aux droits d'entrée, d'en faire la déclaration au bureau, de produire les congés, acquits-à-caution ou passavants dont il sera porteur, et d'acquitter les droits, si les boissons sont destinées à la consommation du lieu.

Art. 27. Toute boisson introduite sans déclaration dans un lieu sujet aux droits d'entrée sera saisie par les employés ; il en sera de même des voitures, chevaux et autres objets servant au transport, à défaut par le contrevenant de consigner le maximum de l'amende ou de donner caution solvable.

Art. 28. Les boissons introduites dans un lieu sujet aux droits d'entrée, pour le traverser seulement ou y séjourner moins de vingt-quatre heures, ne seront pas soumises à ces droits ; mais le conducteur sera tenu d'en consigner ou d'en faire cautionner le montant à l'entrée, et de se munir d'un permis de passe-debout.

La somme consignée ne sera restituée, ou la caution libérée, qu'au départ des boissons, et après que la sortie du lieu aura été justifiée.

Lorsqu'il sera possible de faire escorter les chargements, le conducteur sera dispensé de consigner ou de faire cautionner les droits.

Art. 46. Les contraventions aux dispositions du présent chapitre seront punies de la confiscation des boissons saisies, et d'une amende de 100 à 200 francs, suivant la gravité des cas.

Dans le cas de fraude par escalade, par souterrain ou à main armée, il sera infligé aux contrevenants une peine correctionnelle de six mois de prison, outre l'amende et la confiscation.

TITRE II.

Chapitre VII. — *Des octrois.*

Art. 147. Lorsque les revenus d'une commune seront insuffisants pour ses dépenses, il pourra y être établi, sur la demande du Conseil municipal, un droit d'octroi sur les consommations. La désignation des objets imposés, le tarif, le mode et les limites de la perception, seront délibérés par le Conseil municipal, et réglés de la même manière que les dépenses et les revenus communaux. Le Conseil municipal décidera si le mode de perception sera la régie simple, la régie intéressée, le bail à ferme, ou l'abonnement avec la Régie des Contributions indirectes : dans tous les cas, la perception du droit se fera sous la surveillance du Maire, du Sous-Préfet et du Préfet.

Art. 148. Les droits d'octroi continueront à n'être imposés que sur des objets destinés à la consommation locale. Il ne pourra être fait d'exception à cette règle que dans des cas extraordinaires, et en vertu d'une loi spéciale.

Art. 149. Les droits d'octroi qui seront établis à

l'avenir sur les boissons ne pourront excéder ceux qui seront perçus aux entrées des villes, au profit du trésor. Si une exception à cette règle devenait nécessaire, elle ne pourrait avoir lieu qu'en vertu d'une ordonnance spéciale du Roi.

Art. 150. Les règlements d'octroi ne pourront contenir aucune disposition contraire à celles des lois et règlements relatifs aux différents droits imposés au profit du trésor.

Art. 151. En cas de quelque infraction de la part des Conseils municipaux aux règles posées par les articles précédents, le Ministre des finances, sur le rapport du Directeur général des Contributions indirectes, en référera au Conseil du Roi, lequel statuera ce qu'il appartiendra.

Art. 152. Des perceptions pourront être établies dans les banlieues autour des grandes villes, afin de restreindre la fraude ; mais les recettes faites dans ces banlieues appartiendront toujours aux communes dont elles seront composées.

Art. 153. Le produit net des octrois, dans toutes les communes où il en est perçu, sera soumis, au profit du trésor, à un prélèvement de 10 p. %, à titre de subvention, pendant la durée de la présente loi.

Il sera fait déduction, sur les produits passibles de cette retenue, du montant de la contribution mobilière, dans les villes où elle est remplacée par une addition à l'octroi (1).

---

(1) Il doit également être fait déduction du produit des taxes additionnelles affecté à l'acquit de dettes ou au payement de dépenses temporaires et d'utilité publique. (Article 16 de la loi du 17 août 1832 , et avis du Conseil d'Etat du 25 juillet 1825.)

Il en sera de même du montant de l'abonnement que la Régie pourrait consentir avec les villes, en remplacement du droit de détail, en exécution de l'article 73 de la présente loi.

A compter du premier juillet 1816, il ne pourra être fait aucun autre prélèvement, soit sur le produit net des octrois, soit sur les autres revenus des communes, sous quelque prétexte que ce soit, et en vertu de quelques lois et ordonnances que ce puisse être. Elles sont expressément rapportées en ce qu'elles pourraient avoir de contraire à la présente loi.

Art. 154. Les préposés des octrois seront tenus, sous peine de destitution, d'opérer la perception des droits établis aux entrées des villes au profit du trésor, lorsque la Régie le jugera convenable ; elle fera exercer, relativement à ces perceptions, tel genre de contrôle ou de surveillance qu'elle croira nécessaire d'établir.

Lorsque la Régie chargera de la perception des droits d'entrée des préposés commissionnés par elle, les communes seront tenues de les placer, avec leurs propres Receveurs, dans les bureaux établis aux portes des villes.

Art. 155. Dans toutes les communes où les produits annuels du droit d'octroi s'élèveront à 20,000 francs et au-dessus, il pourra être établi un Préposé en chef de l'octroi. Ce Préposé sera nommé par le Ministre des finances, sur la présentation du Maire approuvée par le Préfet, et sur le rapport du Directeur général des Contributions indirectes.

Le traitement du Préposé surveillant sera fixé par le Ministre des finances, sur la proposition du Conseil municipal, et fera partie des frais de perception de l'octroi.

Les dispositions de cet article ne sont point applicables à l'octroi de Paris, dont l'administration reste soumise à des règlements particuliers.

Art. 156. Les préposés de tout grade des octrois seront nommés par les Préfets, sur la proposition des Maires. Le Directeur général des Contributions indirectes pourra, dans l'intérêt du trésor, faire révoquer ceux de ces préposés qui ne rempliront pas convenablement leurs fonctions.

Art. 157. Les dix pour cent du produit net des octrois seront versés dans les caisses de la Régie aux époque qu'elle aura déterminées; le montant de ce prélèvement sera arrêté tous les mois par des bordereaux de recettes et dépenses, visés et vérifiés par le Préposé surveillant de l'octroi; le recouvrement s'en poursuivra par la saisie des deniers de l'octroi, et même par voie de contrainte à l'égard du Receveur municipal.

Art. 158. La Régie des Contributions indirectes sera autorisée à traiter de gré à gré avec les communes pour la perception de leurs octrois; les traités ne seront définitifs qu'après avoir été approuvés par le Ministre des finances.

Art. 159. Tous les préposés comptables des octrois seront tenus de fournir un cautionnement en numéraire, qui sera fixé par le Ministre secrétaire d'Etat des finances à raison du vingt-cinquième brut de la recette présumée.

Le minimum ne pourra être au-dessous de 200 fr.

Pour les octrois des grandes villes, il sera présenté des fixations particulières.

Ces cautionnements seront versés au trésor, qui en payera l'intérêt au taux fixé pour ceux des employés des Contributions indirectes.

TITRE III.

Cartes.

Art. 166. Tout individu qui fabriquera des cartes à jouer, ou qui en introduira dans le royaume, ou qui en distribuera, vendra, ou colportera sans y être autorisé par la Régie, sera puni de la confiscation des objets de fraude, d'une amende de 1,000 francs à 3,000 francs, et d'un mois d'emprisonnement. En cas de récidive, l'amende sera toujours de 3,000 francs.

Art. 169. Les dispositions des articles 223, 224, 225 et 226 de la présente loi sont applicables à la fraude et à la contrebande sur les cartes à jouer.

TITRE V.

Chapitre 1er. — *Tabacs.*

Art. 172. L'achat, la fabrication et la vente des tabacs continueront à avoir lieu par la Régie des Contributions indirectes, dans toute l'étendue du royaume, exclusivement au profit de l'Etat.

Art. 217. Nul ne peut avoir en sa possession des tabacs en feuilles, s'il n'est cultivateur dûment autorisé.

Nul ne peut avoir en provision des tabacs fabriqués autres que ceux des manufactures royales, et cette provision ne peut excéder dix kilogrammes, à moins que les tabacs ne soient revêtus des marques et vignettes de la Régie.

Art. 218. Les contraventions à l'article précédent seront punies de la confiscation, et en outre d'une amende de dix francs par kilogramme de tabac saisi. Cette amende ne pourra excéder la somme de trois mille francs, ni être au-dessous de cent francs.

Art. 222. Ceux qui seront trouvés vendant en fraude du tabac à leur domicile, ou ceux qui en colporteront, qu'ils soient ou non surpris à le vendre, seront arrêtés et constitués prisonniers, et condamnés à une amende de 300 francs à 1,000 francs, indépendamment de la confiscation des tabacs saisis, de celle des ustensiles servant à la vente, et, en cas de colportage, de celle des moyens de transport, conformément à l'article 216.

Art. 223. Les employés des Contributions indirectes, des Douanes ou des Octrois, les gendarmes, les préposés forestiers, les gardes-champêtres, et généralement tout employé assermenté, pourront constater la vente des tabacs en contravention à l'article 172, le colportage, les circulations illégales, et généralement les fraudes sur le tabac ; procéder à la saisie des tabacs, ustensiles et mécaniques prohibés par la présente loi ; à celle des chevaux, voitures, bateaux et autres objets servant au transport ; et constituer prisonniers les fraudeurs et colporteurs, dans le cas prévu par l'article précédent.

Art. 224. Lorsque, conformément aux articles 222 et 223, les employés auront arrêté un colporteur ou fraudeur de tabacs, ils seront tenus de le conduire sur-le-champ devant un officier de police judiciaire, ou de le remettre à la force armée, qui le conduira devant le juge compétent, lequel statuera de suite, par une décision motivée, sur son emprisonnement ou sa mise en liberté.

Néanmoins, si le prévenu offre bonne et suffisante caution de se présenter en justice et d'acquitter l'amende encourue, ou s'il consigne lui-même le montant de ladite amende, il sera mis en liberté, s'il n'existe aucune autre charge contre lui.

Art. 225. Tout individu condamné pour fait de contrebande en tabac sera détenu jusqu'à ce qu'il ait acquitté le montant des condamnations prononcées contre lui : cependant le temps de la détention ne pourra excéder six mois, sauf le cas de récidive, où le terme pourra être d'un an.

Art. 237. En cas de soupçon de fraude à l'égard de particuliers non sujets à l'exercice, les employés pourront faire des visites dans l'intérieur de leurs habitations, en se faisant assister du Juge de paix, du Maire, de son Adjoint ou du Commissaire de police, lesquels seront tenus de déférer à la réquisition qui leur en sera faite, et qui sera transcrite en tête du procès-verbal. Ces visites ne pourront avoir lieu que d'après l'ordre d'un employé supérieur, du grade de contrôleur au moins, qui rendra compte des motifs au Directeur du département.

Les marchandises transportées en fraude, qui, au moment d'être saisies, seraient introduites dans une habitation pour les soustraire aux employés, pourront y être suivies par eux, sans qu'ils soient tenus, dans ce cas, d'observer les formalités ci-dessus prescrites.

Personnel.

—

Les employés de l'octroi doivent être en tout temps, le jour comme la nuit, même pendant le temps de leur repos, à la disposition de l'Administration.

Ils doivent être domiciliés dans l'enceinte du rayon de l'octroi, donner leur adresse à l'Administration, pour être portée sur le registre à ce destiné, et doivent faire connaître, à chaque changement de domicile, leur nouvelle demeure.

Il est défendu aux employés de l'octroi de faire directement ou indirectement le commerce d'objets soumis aux taxes, soit de l'octroi, soit du trésor.

Tout employé qui aurait prévariqué, soit en s'appropriant ou cherchant à s'approprier les deniers publics, soit en exigeant des contribuables, à titre de gratification, des sommes non dues, soit en favorisant la fraude, devra être destitué. Il sera sévi de même à l'égard de tout employé qui se serait permis des injures ou des voies de fait contre ses supérieurs.

L'employé prévaricateur pourra être néanmoins poursuivi devant les tribunaux, en vertu des articles 177 et 178 du Code pénal.

Tout employé obligé d'interrompre son service pour cause de maladie, devra être tenu de le faire connaître à l'Administration au moins une demi-heure avant l'ordre, ou, si la maladie s'est manifestée dans le jour de son service, dans le moment même de son interruption.

L'employé en interruption de service, qui se soustraira aux visites du médecin , soit en laissant ignorer sa demeure , soit en demeurant à l'extérieur du rayon, devra être privé de son traitement, et , selon le cas , considéré comme démissionnaire.

La même règle deva être appliquée à tout employé qui s'absentera sans permission , ou qui, après l'expiration de sa permission , n'aura pas justifié des motifs de son retard.

Dans les fonctions que les employés rempliront par intérim, ou en vertu d'ordres de l'Administration , ils devront avoir l'autorité et les attributions du grade qu'ils exerceront temporairement.

La soumission aux supérieurs doit être prescrite aux employés; en conséquence, l'insubordination devra être punie très sévèrement.

L'honnêteté et la politesse, dans les rapports avec le public, doivent être expressément recommandées aux employés.

Ceux qui méconnaîtraient cette règle de conduite devraient être rayés des cadres.

Loin de repousser l'injure par l'injure , les menaces par les menaces, les employés devront se borner, dans les circonstances critiques, à dresser procès-verbal, et laisser à la loi le soin de punir.

La loi accorde le port d'armes aux employés dans l'exercice de leurs fonctions, mais ils doivent se pénétrer que des armes ne leur sont accordées que pour protéger leur vie, et qu'ils ne doivent en faire usage que dans un danger imminent et seulement lorsqu'il n'y a pas d'autre moyen de salut.

Aux barrières d'entrée, les préposés sont placés sous les ordres immédiats des Receveurs, Vérificateurs et Chefs de pavé. Ils doivent adresser aux conducteurs et porteurs d'objets quelconques les interpellations d'usage, procéder aux visites, ne laisser entrer les objets tarifés déclarés que sur le vu des bulletins, passe-debouts et quittances, doivent rendre compte au bureau des objets tarifés non déclarés par l'introducteur, et se conformer aux décisions des Receveurs, qui prononcent s'il y a lieu de verbaliser.

La visite des voitures publiques et particulières, des fourgons, tombereaux, charrettes et tous autres moyens de transport, doit leur être formellement prescrite.

Les employés doivent exercer leur surveillance sur les objets déclarés à la sortie, et ne doivent signer les certificats, ainsi que le registre qui constate cette même sortie, qu'après avoir bien reconnu l'identité de l'objet.

C'est par leur soin que les bulletins, certificats et autres titres destinés au bureau central, doivent être déposés dans les boîtes affectées à cet usage.

Les employés affectés au service des barrières d'entrée doivent y être rendus :

En janvier, février, novembre, décembre, à six heures du matin ;

En mars, avril, septembre, octobre, à cinq heures du matin ;

En mai, juin, juillet, août, à quatre heures du matin.

Ils ne doivent quitter les barrières qu'après l'arrivée des employés chargés de les relever, c'est-à-dire, à l'heure désignée par le Receveur sur le registre de travail.

Pendant le jour, ils doivent se tenir debout devant la barrière pour exercer leur surveillance, et procéder à leurs visites.

Pendant la nuit, à partir de dix heures du soir, l'un

d'eux pourra, dans l'ordre établi par le Vérificateur, prendre du repos et se retirer dans la *roulette*.

Il doit être expressément défendu d'intervertir l'ordre des factions.

Le repos des employés devra cesser à l'ouverture des barrières.

Les employés doivent être invités à se rendre à leur poste munis de vivres et de boisson pour toute la durée de leur service. La préparation des aliments dans les bureaux et *roulettes* doit leur être formellement interdite.

Il doit leur être prescrit, en outre, de faire leur repas à tour de rôle, afin que la surveillance ne soit jamais interrompue, ni le public exposé à des retards.

Les employés descendants doivent être tenus de balayer les bureaux et roulettes, de nettoyer les meubles et ustensiles, avant de quitter leur poste. Le Receveur du bureau doit s'assurer tous les jours par lui-même, si cette opération, si essentielle pour la salubrité, a été régulièrement accomplie.

Les employés doivent être tenus de remonter, dans le jour de leur repos, toutes les fois qu'ils en seront requis par les Receveurs et autres employés supérieurs.

Les heures d'arrivée, de départ et de passage des autres employés chargés de surveiller la ligne d'octroi, doivent être inscrites sur le registre de travail; il doit être fait défense d'y laisser des cases en blanc, et d'inscrire plus d'un nom dans la même case.

Il doit être défendu aux employés de fumer dans les bureaux et *roulettes*, d'y introduire des personnes étrangères au service, d'y jouer et de s'y occuper d'aucun objet qui ne se rapporterait pas au service.

Il doit leur être aussi défendu d'y faire séjourner ou

entretenir des animaux domestiques, d'écrire, tracer ou crayonner sur les murs et portes des bureaux, soit à l'intérieur, soit à l'extérieur, des figures, portraits ou images quelconques.

Les employés doivent être responsables des meubles, ustensiles et instruments confiés à leur garde, et dont la disparition ou la détérioration n'aura pas été convenablement justifiée. Dans ce cas, le Receveur du bureau devra signaler au bureau central l'employé qui aura commis l'infraction dont il s'agit, avec l'estimation des objets perdus ou détériorés, et à la fin du mois il devra être opéré une retenue sur les appointements de l'employé, jusqu'à concurrence de la valeur desdits objets.

Les employés de l'ambulance gardent les lignes du rayon de l'octroi, empêchent l'introduction, dans le rayon, des objets tarifés, et saisissent ceux dont l'introduction serait tentée frauduleusement.

Les brigadiers doivent donner aux préposés la consigne et les instructions relatives à leur surveillance, et doivent veiller à ce qu'elles soient renouvelées à chaque changement de faction ou de circulation.

Les préposés doivent être tenus de rendre compte aux brigadiers et employés supérieurs en tournée, des incidents survenus pendant leur faction ou circulation. Ils ne doivent dans aucun cas abandonner leur poste qu'après l'arrivée des employés chargés de les relever, ni s'asseoir pendant la durée de leur faction ou circulation, sous peine d'être notés, et ne doivent entrer dans la guérite que lorsque le mauvais temps les force à se mettre à l'abri.

Les brigadiers doivent fixer et inscrire, au registre de travail, les heures de faction, de circulation et de repos des préposés; elles ne doivent être changées que par le chef de l'ambulance, ou par les employés supérieurs en tournée.

Les préposés qui se permettront d'intervertir l'ordre des factions et circulations, perdront leur droit au repos, et seront en outre punis suivant la gravité du cas.

Les dispositions d'ordre et de discipline imposées aux employés affectés au service des barrières d'entrée, doivent être applicables aux employés de service de l'ambulance.

Des attributions et des devoirs des employés.

—

Contrôleur ambulant.

Le Contrôleur ambulant doit proposer et présenter au Préposé en chef tous les mouvements des employés du service général , tant intérieur qu'extérieur.

Tous les ordres généraux doivent lui être adressés, et il en assure l'exécution , dont il doit rendre compte au Préposé en chef.

L'action du Contrôleur ambulant doit embrasser l'ensemble du service, tant intérieur qu'extérieur.

Il doit s'attacher spécialement à connaître le personnel des employés de tous grades, signaler ceux qui ont apporté du zèle ou montré de la négligence dans l'exercice de leurs fonctions.

Il doit faire de fréquentes tournées aux barrières d'entrée, et visiter les lignes pour s'assurer que les règlements et les ordres de l'Administration reçoivent leur pleine et entière exécution.

Il doit pouvoir, en cas d'urgence dans ses tournées, donner des ordres directs; mais il doit en rendre compte au Préposé en chef.

Le Contrôleur ambulant doit encore faire la nuit des tournées inopinées, afin de s'assurer par lui-même si les ordres donnés par le Préposé en chef et par lui sont régulièrement exécutés. Dans le jour, il doit surveiller les opérations des employés, s'assurer dans les bureaux de perception si l'application du tarif a été régulièrement faite, examiner si les écritures sont constamment à jour, et si la caisse des Receveurs contient le solde de la recette. Il y a obligation pour lui de fermer les mains à tout comptable trouvé en déficit. Il doit, dans ce cas, dresser immédiatement procès-verbal de cette opération et en instruire aussitôt le Préposé en chef. Dans sa tournée de jour, il doit réclamer aux voituriers qu'il rencontre dans l'intérieur du rayon, conduisant des objets portés au tarif, les titres et expéditions dont ils doivent être nantis. Il doit examiner l'exactitude de ces titres, et en prendre note, afin de vérifier s'ils sont conformes aux enregistrements.

Il doit encore faire suivre, à domicile, par les préposés de l'ambulance affectés à ce service, les courriers, fourgons et voitures publiques qui n'ont pu être visités à leur entrée d'une manière convenable, à l'effet d'acquérir la certitude qu'il n'a été rien introduit de sujet aux droits.

Il doit rendre compte tous les jours au Préposé en chef, par un rapport écrit, de ce qu'il a reconnu dans sa tournée, et, s'il trouve quelques points défectueux, il doit lui faire les propositions qu'il juge nécessaires au bien du service. Tous les mois, il doit être tenu de remettre, au Préposé en chef, un journal relatant le sommaire des opérations ou observations qu'il a été dans le cas de faire pendant la période du même mois.

Ce journal doit contenir deux parties distinctes :

1° La cause d'augmentation ou de diminution des produits par chaque barrière ;

2° Dire comment a été fait le service, signaler les employés qui ont opéré des saisies importantes, ainsi que ceux qui ont fait un mauvais service et dont la conduite n'est pas régulière. Il doit demander des récompenses pour les premiers, et provoquer des punitions pour les seconds.

Le service des passe-debouts doit aussi attirer particulièrement son attention, et, pour s'assurer que les objets qui composent les chargements introduits n'ont pas été altérés ou dénaturés pendant la traversée de la ville, il doit faire suivre les voitures par des employés dévoués et intelligents.

Le Contrôleur ambulant, représentant aux barrières le Préposé en chef, doit veiller à ce que, dans tous les actes des employés, ceux-ci tiennent une balance exacte entre la commune, le trésor et les contribuables. Il doit souvent rappeler aux employés de tous grades, que dans leurs visites ils doivent concilier la sévérité qu'exigent les intérêts publics avec les ménagements que demandent les choses et les égards dus aux personnes, en leur faisant bien comprendre qu'ils doivent être constamment honnêtes envers les contribuables.

Il doit recommander aux employés d'apporter aussi l'attention la plus suivie dans ce qui concerne la perception des droits afférents au trésor, quand même la ville n'y aurait aucun intérêt ; d'exiger, en conséquence, la représentation des lettres de voiture, des congés, acquits-à-caution, passavants et quittances des droits de navigation ; de surveiller l'introduction clandestine des tabacs, cartes, poudres, etc., etc. ; enfin, de prêter leur concours, dans toutes les circonstances, aux employés des Contributions indirectes dans les opérations où leur aide pourrait être utile.

Premier commis du bureau central.

Le premier commis doit être chargé de diriger le travail des employés du bureau central, et d'y concourir.

Il doit être chargé, en outre, de la tenue des registres, du classement des lois, règlements, instructions ou actes des administrations supérieures, des procès-verbaux de saisies ou contraventions, et en général de toutes les pièces que renferment les archives de la Régie.

Il doit tenir les sommiers des droits d'entrée et d'octroi, ceux de la comptabilité des timbres, des amendes et de la caisse des retraites. Il doit faire vérifier tous les jours, par les employés sous ses ordres, les bulletins de passe-debout, transit ou entrepôt, et, s'il existe dans la comptabilité de l'octroi un contrôle des opérations qui se font aux barrières, il doit rapprocher les bulletins mis dans les boîtes avec les feuilles de relevé adressées par les différentes barrières. Il doit être chargé du matériel, et distribuer entre les bureaux les registres, impressions, instruments et ustensiles servant à la perception.

Il doit, enfin, remettre chaque jour au Contrôleur ambulant la note des erreurs qu'il a été à même de relever dans les vérifications auxquelles il s'est livré, afin que cet employé supérieur en ordonne la rectification.

Sous-Contrôleur ambulant.

Dans les octrois où le personnel est nombreux, il est nécessaire qu'il y ait deux Sous-Contrôleurs ambulants, dont l'un doit être chargé de l'instruction des employés relativement aux opérations du cubage et du jaugeage, et l'autre de diriger l'ambulance générale.

Le premier doit ouvrir un cours aux jours fixés par le Préposé en chef, mais particulièrement dans les mois d'avril, mai, juin, juillet et août. Les employés qui se destinent au service des bureaux, ainsi que ceux des vérificateurs ou aides-vérificateurs qui n'ont pas encore l'instruction nécessaire, doivent être tenus de suivre ce cours. Mais ces leçons doivent être plutôt pratiques que théoriques, parce qu'il est effectivement très difficile de captiver l'attention d'hommes d'un âge mûr, alors surtout que les matières qu'on leur présente sont d'une nature abstraite. Il doit stationner aux principales barrières, à celles surtout où les introductions sont multipliées, afin de guider les vérificateurs dans leurs opérations, et d'aplanir les difficultés qui peuvent se présenter.

Le second Sous-Contrôleur ambulant doit être chargé spécialement de défendre le rayon de l'octroi contre l'envahissement des fraudeurs. Il doit assister le matin à l'ordre, et examiner la tenue des employés qui doit être toujours propre et décente. Il doit donner des instructions sur le service au capitaine d'ambulance, et lui prescrire les mesures qu'il convient que cet employé prenne , à l'effet d'exécuter les ordres donnés par le Préposé en chef ou le Contrôleur ambulant. Il doit observer partout ce qui peut intéresser l'ordre du personnel, celui du service et l'exactitude de la perception aux barrières. Il doit enfin diriger l'action des brigades ambulantes, et ordonner des embuscades, à l'effet de déjouer les tentatives des fraudeurs.

Le capitaine d'ambulance doit lui être particulièrement adjoint, et doit marcher à ses côtés pendant les rondes de nuit. Ils doivent surveiller ensemble les actions des employés chargés de défendre les lignes, ainsi que ceux attachés au service des barrières ; et lorsqu'ils ont des doutes sur la fidélité de l'un de ces agents, ils doivent s'assurer si leurs appréhensions sont fondées, et ne cesser leurs investigations que lorsqu'ils ont acquis la certitude, ou qu'ils sont dans l'erreur, ou que réellement l'employé est infidèle. Dans ce dernier cas, ils doivent n'avoir aucun ménagement ; et lorsqu'ils ont constaté le flagrant délit , ils doivent signaler l'employé prévaricateur au Préposé en chef.

Receveurs.

Les Receveurs doivent être sédentaires au bureau qui leur aura été assigné. Il faut une décision du Maire , approuvée par le Préfet, pour les changer de poste. Ils doivent être logés aux frais de la commune ; et il convient, dans l'intérêt du service, que leur logement soit placé le plus près possible de la barrière. Ils doivent pendant le jour être constamment au bureau , et ne doivent pas s'absenter pendant la nuit de leur domicile sans une permission expresse du Préposé en chef ;

seulement, le dimanche et les jours de fête, après neuf heures du matin, ils devront être entièrement libres.

Les Receveurs sont chargés de la recette et de la tenue des registres qui s'y rapportent. Ils doivent se conformer en tous points aux modèles et aux ordres qu'ils reçoivent à cet égard, soit de l'Administration municipale, soit de l'Administration des impôts indirects pour les droits du Trésor. Ils ne doivent, sous aucun prétexte, se dispenser de remplir en entier *les blancs* dans les libellés des registres qu'ils doivent tenir. Il est de rigueur, notamment, que le nom et la demeure des destinataires y soient énoncés d'une manière précise.

Ils doivent veiller particulièrement à ce que la 2me partie du registre A soit constamment à jour, et que les divers chapitres de perception y soient portés sans abréviations. Ce travail, qui est négligé dans quelques octrois, est cependant très essentiel, parce qu'il présente d'un seul coup d'œil le détail de toutes les branches de produits, et parce qu'il sert aussi à contrôler les opérations de la recette.

La caisse des Receveurs doit être ouverte à toute heure au Préposé en chef, au Contrôleur ambulant, ainsi qu'aux employés des Contributions indirectes.

Les Receveurs doivent veiller, enfin, à la conservation des effets de bureau et des ustensiles nécessaires aux opérations des employés. Ils doivent en être responsables.

Les Receveurs ne doivent quitter le bureau qu'après la barrière fermée. Ils doivent se trouver à son ouverture.

Vérificateurs.

Dans les octrois où il sera établi un contrôle des opérations de la recette, les vérificateurs doivent diriger, sous les ordres des Receveurs, le travail des barrières. Ils doivent être spécialement chargés de jauger, mesurer, peser ou cuber les objets passibles des droits d'entrée et d'octroi, qui pénètrent dans le rayon. Ils doivent être constamment devant la barrière, et ne doivent entrer dans le bureau que pour faire faire, par l'aide-vérificateur chargé des écritures, les bulletins qui résument leurs opérations. Ils doivent diriger les préposés, et les guider dans les visites qu'ils font de chaque objet qui entre par la barrière. Lorsque le contribuable a reçu du Receveur la quittance justificative de l'acquittement des droits, ils doivent la rapprocher du chargement et s'assurer si elle est conforme en tous points avec l'objet introduit.

Ils doivent dresser tous les soirs, dans les barrières où les introductions sont considérables, les feuilles du contrôle de la recette du jour. La feuille de service sur laquelle ils inscrivent l'arrivée, les passages et les stations aux barrières des divers employés, doit donner un aperçu de la recette de la journée, et tous les événements qui ont eu lieu à la barrière pendant la même journée doivent y être aussi mentionnés. Ils doivent établir enfin, sur le registre de travail, les heures de faction à la barrière pendant la nuit; mais ils ne doivent arrêter ce service que quelques instants avant les factions.

Brigadiers.

Les brigadiers doivent surveiller la partie de la ligne qui leur a été confiée ; tous les matins, à l'ordre, le capitaine d'ambulance doit leur remettre une feuille de service sur laquelle sont inscrits les noms des divers postes qui forment la section placée sous leur surveillance. Cette même feuille doit aussi porter le nom des préposés de l'ambulance qu'ils sont chargés de diriger pendant les vingt-quatre heures de service. Aussitôt l'ordre donné, ils doivent réunir leurs hommes, et marcher avec eux jusqu'au poste désigné. Pendant le trajet les préposés ne doivent pas s'absenter, soit pour acheter des vivres, soit pour tout autre motif, et doivent être constamment auprès des brigadiers. Ceux-ci doivent les noter s'ils ne se conforment pas à cette mesure. Les brigadiers doivent circuler dans l'étendue de leur section, doivent s'assurer si les employés en faction ne dorment pas, et établir, sur le registre de travail placé à chaque poste, les heures de faction. Le service de nuit ne doit être établi que quelques instants avant la première faction. Les brigadiers doivent relever, sur la feuille qui leur a été remise le matin à l'ordre, les passages qui se trouvent inscrits sur le registre de travail, ainsi que les heures de faction par chaque préposé ; ils doivent aussi consigner sur ce rapport les événements dont ils auront été témoins et qui se rattachent au service.

Préposés.

Les préposés doivent nécessairement savoir lire et écrire correctement. Ils adressent aux introducteurs d'objets quelconques les interpellations prescrites par les lois et règlements, font les visites et vérifications nécessaires, et en rendent compte au Receveur et au Vérificateur.

Il doit leur être défendu, sous peine de destitution et de tous dommages - intérêts, de faire usage de la sonde dans la visite des malles, caisses et ballots annoncés contenir des étoffes, linges et autres objets susceptibles d'être endommagés.

Ils doivent s'étudier à connaître tous les caractères de la fraude, et faire part de leurs observations aux employés supérieurs.

Pour chaque objet ayant payé les droits, le chef de *pavé*, ou l'un des préposés de station à la barrière, devra recevoir du Vérificateur la quittance et le bulletin ; il les comparera ensemble, en lira à haute voix l'énoncé, laissera passer, apposera son visa sur le bulletin et le jettera à la boîte.

Les préposés doivent être de service vingt-quatre heures consécutives, et plus longtemps si le travail l'exige. De nuit, l'un d'eux, alternativement, doit toujours être de faction devant la barrière.

Habillement uniforme et armement des employés d'octroi.

—

Les employés d'octroi doivent porter, pendant les jours de service, un habillement uniforme, dont la première fourniture devra être faite, aux frais de la ville, aux aides-vérificateurs ou commis aux écritures, aux brigadiers et préposés.

L'habillement uniforme doit se composer :

1.° D'un habit-frac en drap ;

2° D'un pantalon en drap ;

3° D'une casquette.

La casquette devra être remplacée par un chapeau monté ou képi pour les employés d'un grade supérieur à celui de brigadier.

Dans la belle saison, du 1ᵉʳ avril au 30 septembre, les pantalons en coutil devront être substitués au pantalon de drap, et l'habit-frac devra aussi être remplacé, pour les préposés seulement, par une blouse uniforme avec ceinture.

L'armement des employés devra se composer :

1.° D'un briquet pour les préposés ;

2°. D'un sabre pour tous les autres employés, sauf le Contrôleur ambulant et les Sous-Contrôleurs ambulants, qui devront porter l'épée.

Les objets d'habillement usés, malpropres et jugés hors de service, devront être renouvelés d'office par l'Administration municipale. Il en devra être de même des objets d'armement perdus ou détériorés.

Il devra être pourvu, en ce qui concerne les aides-vérificateurs, brigadiers et préposés, au renouvellement des objets d'habillement hors de service, et au remplacement des objets d'armement perdus ou détériorés :

1° Au moyen d'une masse que les employés auront à former par des retenues sur leurs émoluments ;

2° A l'aide d'une subvention de la ville.

La masse de chaque employé devra se composer :

Pour les préposés, de. . . . . **72 fr.**

Pour les aides-vérificateurs et brigadiers, de **84**

Elle devra être réalisée par douzième.

La subvention de la ville devra se composer de la moitié du prix des objets d'habillement ; elle devra être ajoutée à la masse des employés, savoir :

Tous les trois ans, pour l'habit ;

Tous les deux ans, pour la casquette et le pantalon en drap ;

Tous les ans, pour le pantalon en coutil et la blouse en toile.

Lorsque les employés auront atteint le chiffre de la masse, la retenue par douzième ne devra être exercée que sur le quart de cette masse.

Si, par de nouvelles fournitures, l'actif de masse tombait au-dessous de la quotité fixée, la retenue aurait lieu de nouveau par douzième jusqu'à ce que la masse fut complète, après cela elle ne devrait être plus que du quart.

Pour atteindre plus tôt le chiffre de 72 et 84 fr., il serait convenable de faire une retenue sur les sommes attribuées aux employées individuellement, à titre de gratifications, remises et taxations.

Chaque employé devra avoir un livret sur lequel sera

inscrit son signalement, avec la date de son admission dans l'octroi.

Il devra être fait mention sur le livret, par forme de compte ouvert, du montant des retenues et subventions, ainsi que du prix des fournitures.

Indépendamment du livret dont il s'agit, il devra être tenu, à l'Administration, un registre présentant, pour chaque employé, d'une part, les retenues et subventions; de l'autre, le prix des fournitures avec la désignation des objets fournis.

Les employés qui cesseront leurs fonctions dans l'octroi, devront avoir droit au remboursement de leur actif de masse.

Ceux qui resteraient débiteurs à leur masse auraient à rapporter le montant du débet.

Les objets d'armement fournis aux employés devront être rendus à l'Administration au moment de la cessation de leurs fonctions dans l'octroi.

Les objets d'habillement devront rester en leur possession, et seront payés par eux dans la proportion de la subvention de la ville y afférente, et au prorata du temps à courir depuis la cessation du service jusqu'à l'époque où la subvention de la ville eût été renouvelée si la cessation n'avait pas eu lieu.

Les dispositions qui précèdent, en ce qui concerne la formation des masses et les retenues prescrites, ne devront pas être applicables aux employés autres que les aides-vérificateurs ou commis aux écritures, brigadiers et préposés. En conséquence, ces employés devront se munir directement, et à leurs frais, des objets d'habillement et d'armement uniformes, et devront être tenus de les renouveler toutes fois qu'ils en seront requis par l'Administration.

Habillement et

Modèle du

RECETTES.

DATE.	INDICATION DES RECETTES.	SOMME.

armement uniformes.

compte ouvert.

DÉPENSES.

DATE.	INDICATION DES DÉPENSES.	SOMME.

Création d'une Caisse de retraite.

—

Les conseils municipaux doivent délibérer sur l'opportunité de la création d'une caisse de retraite. Les articles 147 et 148 du décret du 17 mai 1809 autorisent effectivement ces sortes de créations; mais, soit que les conseils municipaux n'aient pas été appelés à se prononcer sur cette question, si intéressante pour le bien-être des employés, toujours est il que beaucoup de grandes villes en France, qui ont un personnel d'octroi très nombreux, n'ont pas établi dans leur localité une caisse de retraite. Cet oubli ne peut être que préjudiciable à leurs intérêts, et en même temps fort nuisible aux employés, puisque ceux-ci n'ont qu'une triste perspective, et que forcés par le besoin de leur traitement, alors qu'ils sont vieux et presque infirmes, de continuer des fonctions qui réclament tant d'activité, ils ne peuvent faire nécessairement qu'un très mauvais service.

Malheureusement on ne voit que le présent; car, si l'on pensait au moment où l'âge ne permet plus de continuer des fonctions pénibles, et si l'on se représentait surtout cette époque de la vie où l'homme a le plus besoin de soins et de repos, on se préoccuperait beaucoup plus de l'avenir, et chacun chercherait le moyen de parer aux événements qui pourraient l'atteindre. Qu'on se figure, en effet, la position d'un malheureux père de famille, réformé pour cause d'infirmités, après 25 ans de services, et n'ayant pour toute ressource que le traitement qu'on lui enlève. Cette position sera sans doute cruelle pour celui qui en sera l'objet : eh bien ! ce n'est cependant pas là une fiction ; car, il suffit pour s'en convaincre qu'on examine le personnel des octrois qui n'ont pas de caisse de retraite, et bientôt on aura cette triste certitude.

Les employés d'octroi doivent donc solliciter de l'autorité municipale, dans les localités où il existe un assez nombreux personnel, la création d'une caisse de retraite, et les villes, de leur côté, doivent accueillir avec empressement cette demande, parce qu'elle ne peut être que très favorable au service.

Projet de règlement pour les pensions des employés de l'octroi de la ville de....

—

TITRE Ier.

ARTICLE PREMIER.

Il sera fait chaque mois, sur les appointements des employés de l'octroi municipal de   , une retenue de 5 pour %.

Cette retenue formera un fonds de pension de retraite en faveur desdits employés, leurs veuves et orphelins.

ART. 2.

Seront, en outre, attribués à la caisse des pensions :

1° Le montant net du premier mois d'appointements des candidats qui obtiendront des emplois dans l'administration de l'Octroi ;

2° L'augmentation pendant le premier mois, accordée aux employés, par l'effet de mutation, d'avance-ment ou autrement;

3° Les appointements des employés en congé et ceux retenus pour cause de punition;

4° Le cinquième du produit net des gratifications ou remises accordées par le budget des dépenses de l'oc-troi;

5° Le cinquième du produit net des remises accor-dées par l'administration des Contributions indirectes;

6° Le quart du produit net des saisies, amendes et confiscations en matière d'octroi;

7° Le quart des parts attribuées aux employés de l'octroi dans les répartitions d'amendes et confiscations provenant d'autres administrations;

8° La part attribuée à la commune dans les amendes et confiscations en matière d'octroi;

9° Le produit net de la vente des eaux-de-vie, esprits et liqueurs provenant des épreuves abandonnées;

10° Le produit net de la vente des vieux papiers, ustensiles et instruments provenant des établissements de l'octroi.

TITRE II.

Conditions d'admission à la Retraite.

Art. 3.

Les employés de l'octroi qui justifieront de trente ans accomplis de service, dont vingt années au moins dans l'administration de l'Octroi, auront droit à une pension sur la caisse des retraites, jusqu'à concurrence des fonds libres, sur le montant des retenues et sur ceux ajoutés par l'article 2.

Art. 4.

Il suffira de vingt-cinq années de service pour les

employés de la partie active, pourvu toutefois qu'ils comptent quinze années dans le service actif de l'octroi.

Art. 5.

Sera considéré comme service actif dans l'octroi, celui des employés autres que ceux du service intérieur.

Art. 6.

Pourront exceptionnellement obtenir pension :

§ 1er. — Quel que soit le nombre de leurs années de service, les employés mis hors de service à la suite d'engagement contre les fraudeurs, les rébellionnaires, et généralement par suite de lutte ou combat soutenu par eux pour l'exercice de leurs fonctions, et ceux qui auraient été mis dans l'impossibilité de les continuer par accident fortuit relatif aux mêmes fonctions.

§ 2me. — Les employés notoirement devenus infirmes par le résultat de l'exercice de leurs fonctions, après quinze ans de services actifs ou vingt ans de services sédentaires, et dont au moins dix ans de services actifs ou quinze ans de services sédentaires dans l'administration de l'Octroi.

TITRE III.

Services hors de l'octroi.

Art. 7.

Les services militaires non récompensés seront admis dans la liquidation des pensions, et rétribués dans les proportions déterminées par les règlements relatifs aux pensions militaires.

Art. 8.

Les services militaires récompensés par une pension

sur l'Etat concourront, avec les services postérieurs dans l'octroi , pour établir le droit à la pension, mais n'entreront pas dans les fixations numériques de la pension liquidée sur la caisse de l'octroi.

ART. 9.

Dans aucun cas, les services militaires de terre et de mer ne seront admis que pour le temps effectif de leur durée, c'est-à-dire sans doublement pour les années de campagne et sans addition pour les années de grâce.

ART. 10.

Les services rendus dans d'autres administrations publiques n'entreront dans la fixation numérique des pensions liquidées sur la caisse de l'octroi qu'autant que les règlements particuliers de ces administrations admettent, dans la liquidation des pensions de leurs employés , les services rendus dans l'octroi.

ART. 11.

Ces services concourront néanmoins avec ceux de l'octroi pour établir le droit à pension.

TITRE IV.

Liquidation des pensions.

ART. 12.

Les demandes à fin de pension seront adressées au Maire par l'administration de l'Octroi, qui donnera son avis sur l'opportunité de leur admission, de leur ajournement ou de leur rejet.

ART. 13.

Les pensions seront liquidées par le Conseil municipal sur la proposition du Maire, et soumises à l'approbation du Roi ; elles courront au profit des employés à dater du jour de la cessation de leur traitement d'activité.

Art. 14.

Le temps de service ne comptera , pour l'admission à la retraite, que du premier traitement d'activité , pourvu que ce traitement n'ait pas été accordé avant l'âge de vingt ans.

Art. 15.

Les liquidations seront établies sur la durée effective des services; néanmoins, les fractions de mois et celles de francs seront négligées.

Art. 16.

Dans tout ce qui a rapport à la liquidation des pensions , les services seront toujours établis en services sédentaires dans la proportion de vingt-cinq ans de services actifs pour trente de services sédentaires, c'est-à-dire que l'année de service actif sera alors comptée pour quatorze mois et douze jours.

Art. 17.

Pour déterminer le montant de la pension , il sera fait une année moyenne du traitement fixe dont l'employé aura joui pendant les quatre dernières années de son activité.

Art. 18.

La pension accordée après trente ans de services sédentaires ou vingt-cinq ans de services actifs, sera de la moitié de la somme réglée par l'art. 17 ; elle s'accroîtra du vingtième de cette moitié pour chaque année au-dessus, sans que , dans aucun cas, elle puisse excéder les trois quarts du traitement moyen.

Art. 19.

La pension accordée dans le cas prévu par le paragraphe 1er de l'article 6, ne pourra être moindre du sixième ni excéder la moitié du dernier traitement d'activité.

Art. 20.

La pension accordée dans le cas prévu par le paragraphe 2 de l'article 6, sera, par année de service, d'un soixantième du traitement moyen déterminé par l'art. 17.

Art. 21.

La pension des employés qui compléteront les années de service exigées par les articles 3, 4 et le paragraphe II de l'article 6 par des services non susceptibles d'entrer dans la fixation numérique, sera réglée à raison d'un soixantième du traitement moyen par année de service dans l'administration de l'Octroi.

Art. 22.

La pension des employés qui auraient à faire compter des services militaires non récompensés, sera également réglée à raison d'un soixantième du traitement moyen par année de service dans l'administration de l'Octroi, et augmentée de la portion afférente aux services militaires, comme il est dit en l'art. 7.

TITRE V.

Des veuves et des enfants.

Art. 23.

La veuve d'un pensionnaire ou celle d'un employé décédé dans l'exercice de ses fonctions, aura droit à une reversion du quart de la pension à laquelle son mari aurait pu prétendre ou dont il aurait déjà joui.

Art. 24.

Si la veuve est âgée de 50 ans, ou si elle a un ou plusieurs enfants au-dessous de 16 ans, sa pension pourra être portée au tiers de celle attribuée à l'employé. Dans aucun cas, elle ne pourra être fixée au-dessous de cent vingt-cinq francs.

Art. 25.

La veuve d'un employé qui aurait perdu la vie par un accident fortuit relatif à ses fonctions, ou qui mourrait dans les six mois qui suivraient l'accident, pourra obtenir une pension égale au tiers de celle à laquelle l'employé aurait eu droit de prétendre; elle pourra être portée à la moitié, si la veuve est âgée de cinquante ans, ou si elle a un ou plusieurs enfants au-dessous de seize ans.

Art. 26.

La veuve d'un employé qui aurait perdu la vie dans un engagement contre des fraudeurs, des rébellionnaires, et généralement par suite de lutte ou combat soutenu par lui pour l'exercice de ses fonctions, ou qui viendrait à décéder dans les six mois de ses blessures, aura droit à une pension égale à la moitié de celle à laquelle l'employé aurait eu droit de prétendre. Elle pourra être portée aux deux tiers si la veuve est âgée de cinquante ans, ou si elle a un ou plusieurs enfants au-dessous de seize ans.

Art. 27.

Hors le cas de mort dans les six mois des blessures reçues dans les circonstances et pour les causes énoncées aux art. 25 et 26, la pension de la veuve sera réglée comme il est dit aux art. 23 et 24.

Art. 28.

La veuve pouvant prétendre à pension ne sera admise à la réclamer qu'autant qu'elle justifiera 1° qu'elle était mariée cinq ans avant la mort de l'employé décédé en activité, ou cinq ans avant la mise en retraite de l'employé mort pensionnaire, ou, dans le cas prévu par les art. 25 et 26, avant l'événement qui aurait amené la mort ou la mise en retraite de l'employé; 2° qu'il n'existait pas de séparation de corps entre eux.

Art. 29.

Si la pension est reversible, mais que la veuve ne soit pas habile à la recueillir, faute par elle de remplir les conditions exigées par l'art. 28, elle pourra être réclamée et partagée par portions égales entre tous les enfants âgés de moins de seize ans, issus de l'employé décédé et y ayant droit.

Art. 30.

La pension accordée aux enfants s'éteindra proportionnellement sans reversion de l'un à l'autre, à mesure que chacun d'eux atteindra sa seizième année ou viendrait à décéder avant d'y être parvenu.

Art. 31.

Dans le cas où il existerait des enfants de plusieurs mariages et une veuve ayant droit à la reversion, la portion reversible de la pension sera partagée entre tous les enfants âgés de moins de seize ans, et la veuve qui comptera pour deux têtes, si elle n'a pas d'enfants de l'employé décédé.

Art. 31.

Si la veuve a des enfants, la moitié de la pension lui sera attribuée, l'autre moitié sera distribuée par portions égales entre les enfants des premiers mariages, âgés de moins de *seize ans.*

TITRE VI.

Privation et suppression des droits à la pension.

Art. 33.

Tout employé destitué ou démissionnaire perd ses

droits à la retraite, lors même qu'il aurait le temps de service nécessaire pour l'obtenir ; cependant , si l'employé était réadmis dans l'administration de l'Octroi, le temps de son premier service lui serait compté pour la pension.

ART. 34.

Lorsqu'un pensionnaire sera remis en activité de service, le paiement de sa pension sera suspendu.

Après la cessation de sa nouvelle activité, il sera procédé à une nouvelle liquidation qui réunira les anciens et nouveaux services.

ART. 35.

La veuve qui contracte un nouveau mariage perd ses droits à la jouissance de sa pension.

TITRE VII.

Paiement des pensions.

ART. 36.

Les pensions accordées sur la caisse des retraites seront payées, par trimestre, par le Receveur municipal.

ART. 37.

Le Maire, en soumettant au Préfet les projets de liquidation du Conseil municipal, pourra lui proposer d'accorder aux parties intéressées une provision qui ne pourra excéder les quatre cinquièmes de la pension proposée.

ART. 38.

Les sommes payées auxdites parties , à titre de provision , leur seront précomptées sur le premier paiement de leur pension définitivement fixée.

TITRE VIII.

Dispositions générales.

ART. 39.

Le produit des retenues, prélèvements et recettes affectés au fonds de retraite, sera versé, à mesure des rentrées, à la Caisse des dépôts et consignations.

ART. 40.

Les pensions antérieurement liquidées en vertu de règlements approuvées par l'autorité compétente, sont maintenues.

ART. 41.

Les pensions actuellement acquises et non encore liquidées, et celles qui le seront à l'avenir, seront fixées conformément au présent Règlement.

Abonnement de corporation.

—

Les abonnements consentis par une commune aux corporations d'état qui veulent s'affranchir de l'exercice, comme celles des bouchers, charcutiers, brasseurs, etc., etc., ne doivent être conclus que pour une année. Ils doivent être soumis à la sanction du Ministre des finances, et ne sont valables que lorsqu'ils ont reçu cette ratification essentielle.

La somme convenue entre les parties doit être stipulée dans l'acte souscrit par elles, et ordinairement les clauses dudit acte mentionnent ce que chaque membre de la corporation s'engage à payer à la commune; mais il paraîtra peut être plus convenable que tous les membres soient solidaires entre eux, et la commune aura moins de chances de perte lorsque les actes d'abonnement seront rédigés conformément au modèle qui suit :

L'an mil huit cent   et le du mois de   , devant nous, maire de la ville de   , département d   , sont comparus MM.   (nom, prénoms, profession et demeure des contractants), formant la corporation entière des brasseurs de la ville de   , lesquels voulant profiter des dispositions de la circulaire ministérielle du 10 septembre 1818 qui autorise les abonnements collectifs en matière d'octroi, à l'effet de se rédimer des droits d'octroi qu'ils auraient à payer sous le régime

de la perception à l'effectif, sur les   qu'ils
livrent à la consommation dans l'intérieur du rayon
de l'octroi, ont fait les offres suivantes, à l'exécution
desquelles ils s'engagent conjointement et solidairement,
et sans qu'ils puissent s'y soustraire pour quelque cause
que ce soit;

Savoir :

1° Les comparants payeront à la ville de   ,
entre les mains du Receveur central, dont le bureau
est situé rue   , à   , par douzième,
de mois en mois à partir du premier   mil huit
cent   , la somme de   francs, à titre
d'abonnement.

2° Ils demeureront solidairement responsables envers
la ville les uns pour les autres, et un seul pour le tout,
de la somme ci-dessus énoncée.

3° Ils établiront la répartition entre eux de la somme
de   francs d'après des bases justes et équi-
tables, afin de prévenir l'effet des éventualités.

4° Ils nommeront trois syndics, dont l'un caissier,
chargés de représenter la corporation auprès de l'autorité locale, de fixer la quote-part de chaque
d'après les bases qu'ils pourront recueillir, d'en faire le
recouvrement, d'effectuer le 28 de chaque mois au
plus tard, à la caisse municipale, le versement d'un
douzième de l'abonnement de   , et de con-
férer avec qui de droit sur tous les objets relatifs au
présent traité, comme aussi de fournir tous les renseignements ultérieurs auxquels il pourra donner lieu.

Ils promettent de se conformer, chacun en ce qui le
concerne, à tout ce qui aura été déterminé à ce sujet
par l'autorité locale.

5° Dans le cas où, par une circonstance extraordi-

naire ou imprévue, un ou plusieurs des contractants seraient forcés de cesser de faire partie de la corporation , les autres membres demeureraient responsables du payement intégral de l'abonnement de
francs.

6° Si, dans le cours du présent traité, un nouveau venait s'établir ou remplaçait l'un des contractants, il serait admis au bénéfice dudit traité, et les sommes qu'il aurait à payer tourneraient au profit de la corporation.

7° Afin d'éviter toute discussion ou toute fausse interprétation, il est formellement exprimé que les droits d'octroi dont les contractants entendent se rédimer, sont ceux qu'ils auraient à payer sur les
livrés par eux à la consommation locale, et que les droits dus sur ces mêmes objets introduits du dehors continueront à être perçus au profit de la ville.

8° Le présent abonnement est proposé pour *une année*, à partir du premier janvier mil huit cent   , et ne sera définitif qu'après avoir été approuvé par l'autorité compétente.

9° Les sommes qui auront été payées par les contractants depuis le premier janvier mil huit cent   , avant l'exécution du présent traité, viendront en déduction de l'abonnement de   francs.

10° Les contractants déclarent choisir pour leurs syndics MM.   et   , lesquels acceptent, le dernier chargé des fonctions de caissier de la corporation.

11° A défaut de payement d'un terme échu, la corporation dûment mise en demeure, la révocation du présent traité pourra être prononcée par l'autorité compétente, et la perception à l'effectif immédiatement mise en vigueur, sans préjudice des poursuites à exercer par la ville relativement aux sommes dues, soit contre la corporation entière, soit contre un ou plusieurs de ses membres.

12° Dans le cas où l'approbation du présent traité serait refusée, les choses resteraient dans l'état actuel, c'est-à-dire sous le régime de la perception à l'effectif.

(Signatures des membres de la corporation.)

Nous, Maire de la ville de   , dûment autorisé par délibération du Conseil municipal en date du   18   , après avoir reconnu que la somme offerte par la corporation des
de   représente l'équivalent des droits d'octroi qu'ils auraient à payer par exercice, avons accepté l'abonnement proposé, aux clauses et conditions stipulées dans les articles ci-dessus.

Fait en triple expédition à   , le   18   .

Modèle de Cahier des charges des adjudications d'octroi, à titre de bail à ferme ou de régie intéressée.

—

ARTICLE PREMIER.

L'adjudicataire sera tenu de se conformer, pour la perception et tout ce qui est relatif à l'octroi, *au Règlement et au Tarif,* ou *aux Règlements et aux Tarifs* approuvés par ordonnance royale du (*indiquer la date de chacune des ordonnances, s'il y en a plusieurs*); desquels Règlements et Tarifs un exemplaire est joint au présent.

ART. 2.

L'adjudicataire ne pourra changer le placement des bureaux de perception, ni en diminuer le nombre, qu'en vertu d'une ordonnance royale rendue dans la forme prescrite par les articles 7 et 8 de celle du 9 décembre 1814.

Dans l'intérêt des perceptions du Trésor, le Directeur des Contributions indirectes sera appelé à donner son avis sur ces changements.

ART. 3.

Les objets destinés à la consommation de la commune étant seuls passibles des droits d'octroi, la perception ne pourra s'en faire pour ceux qui seront déclarés en passe-debout, transit ou entrepôt, lorsque les formalités prescrites auront été remplies.

ART. 4.

L'adjudicataire ne pourra exiger, pour toute expédition timbrée, plus de 10 centimes (1). Il en versera intégralement le produit aux caisses de la Régie des Contributions indirectes.

ART. 5.

Toute perception non autorisée par le Tarif et le Règlement sera réputée concussion, et punie comme telle.

L'adjudicataire ne sera responsable des condamnations pécuniaires qui pourraient être prononcées, à ce sujet, contre ses préposés.

ART. 6.

Les recettes seront portées, jour par jour, article par article, sans aucun blanc ni transposition ou interligne, sur des registres à souche. L'adjudicataire sera tenu de les communiquer sans déplacement au Maire, au Préposé en chef de l'Octroi, et aux employés supérieurs des Contributions indirectes.

Pour la forme et la tenue des registres, papiers de service et autres écritures relatives, soit à la perception, soit à la comptabilité, l'adjudicataire se conformera aux dispositions générales des articles 68, 69 et 70 de l'ordonnance du 9 décembre 1814, et de l'article 241 de la loi du 28 avril 1816.

ART. 7.

Les droits d'octroi éventuels sur les objets entreposés appartiendront à l'adjudicataire, à partir de sa jouissance et jusqu'à l'expiration du bail.

L'adjudicataire sera responsable des altérations ou

(1) Articles 243 de la loi du 28 avril 1816 et 66 de l'ordonnance du 9 décembre 1814.

avaries constatées à l'égard des objets en entrepôt réel, si elles proviennent de son fait ou de celui de ses préposés.

Art. 8.

Les droits constatés et qui n'auront pas été recouvrés pendant la durée de l'adjudication, appartiendront au fermier sortant.

En conséquence, il sera fait en présence du Maire, à l'expiration du bail, un état de ces restes à recouvrer, au bas duquel le nouvel adjudicataire ou le Receveur du bureau central se chargera d'en faire gratuitement le recouvrement à l'amiable, pour en compter de clerc à maître; mais s'il fallait en venir à des poursuites, elles seront faites par le fermier sortant.

Art. 9.

Si quelques objets de consommation autres que ceux qui sont dénommés au Tarif étaient assujettis aux droits pendant la durée du bail; si le rayon de la perception était étendu par de nouvelles dispositions réglementaires, ou s'il était simplement fait une addition quelconque à la quotité des droits portés audit Tarif, l'adjudicataire compterait de clerc à maître du produit des nouveaux droits.

Dans les deux premiers cas, il sera alloué, s'il y a lieu, à l'adjudicataire, pour frais extraordinaires de perception, une remise qui sera déterminée par M. le Ministre secrétaire d'Etat des finances, sur la proposition de l'Autorité locale et du Préfet; il sera néanmoins facultatif à la commune de traiter avec l'adjudicataire, pour que le prix du bail soit augmenté dans la juste proportion du produit de l'accroissement des droits.

Dans le dernier cas, l'adjudicataire devra compter gratuitement du produit de ces additions.

Art. 10.

Si le Gouvernement diminue les droits portés au Tarif, ou si l'on restreint les limites de la perception, le prix de l'adjudication sera réduit, sous l'approbation du Ministre des finances, proportionnellement à la diminution de recette qui sera jugée devoir en être la suite, eu égard aux circonstances locales.

Art. 11.

L'adjudicataire suivra à ses frais (1) toutes les instances pour contestations ou contraventions en matière d'octroi; il sera tenu de donner connaissance, au Maire et au Préposé en chef, de tous les procès-verbaux de contraventions et de toutes les contestations judiciaires concernant la perception.

Il ne pourra transiger avec les contrevenants que sur procès-verbal, avec l'autorisation du Maire et d'après l'avis du Préposé en chef.

Le refus d'autorisation sera motivé; il pourra donner lieu à un recours au Préfet, et ensuite au Ministre des finances.

Art. 12.

Lorsque les saisies seront communes aux deux administrations des Contributions indirectes et de l'Octroi, la suite en appartiendra exclusivement au Directeur de la Régie, à qui les procès-verbaux seront adressés, et qui dirigera les poursuites au nom de l'une et de l'autre administration, à l'effet d'obtenir jugement, conformément aux lois particulières à chacune d'elles; il transigera, même après jugement rendu, suivant les règles qui sont propres à cette même Régie (2).

(1) Ces derniers mots, *à ses frais*, sont à supprimer dans les cas d'une régie intéressée.

(2) Article 83 de l'ordonnance du 9 décembre 1814.

Art. 13.

En matière de saisies exclusivement relatives à l'octroi, la moitié du produit des amendes ou confiscations, déduction faite des frais et prélèvements autorisés, appartiendra à l'adjudicataire, pour être par lui répartie entre les préposés, soit que ces amendes aient été prononcées par jugement, soit qu'il y ait eu transaction ; il versera l'autre moitié dans la caisse municipale, à la fin de chaque mois, et même plus tôt s'il en est requis par le Maire (1).

Art. 14.

Les employés de la Régie saisissants, ou concourant à une saisie d'octroi, jouiront du partage qui leur est dévolu par le § II de l'article 240 de la loi du 28 avril 1816, dans les proportions établies par l'article 84 de l'ordonnance du 9 décembre 1814.

De même, en matière de saisie commune faite par les employés de l'Octroi, ou à laquelle ils auraient concouru, l'adjudicataire et la ville auront droit à partage dans la proportion des amendes et confiscations qui se rattachent aux droits spéciaux du Trésor.

Dans le cas prévu au § III de l'article 240 de la loi du 28 avril, l'adjudicataire et la commune bénéficieront du tiers affecté à la caisse des retraites par le § 1er de ce même article.

Art. 15.

L'adjudicataire tiendra des registres et rendra des comptes particuliers à qui de droit pour le produit des amendes, selon leur nature et leur destination, ainsi que pour le produit des timbres.

(1) Articles 84 de la même ordonnance et 126 du décret du 17 mai 1809.

Art. 16.

Il sera tenu, sous peine de dommages et intérêts, et même de résiliement du bail sans indemnité :

1° D'exercer tous les divers genres de surveillance et de remplir toutes les obligations prescrites par l'art. 92 de l'ordonnance du 9 décembre 1814, y compris le devoir de surveiller l'introduction et la circulation des poudres et salpêtres ;

2° De souffrir le concours des employés des Contributions indirectes dans tous les cas où il doit avoir lieu ; de leur laisser faire dans ses bureaux toutes les vérifications et opérations relatives à leur service ; de leur représenter et donner communication, sans déplacement, de tous états, registres et documents dont ils auront besoin ;

3° De faire concourir ses préposés au service des Contributions indirectes, sans toutefois les déplacer des lieux où ils exercent leurs fonctions ;

4° De faciliter, en tout ce qui dépendra de lui, la surveillance dont serait chargé, soit le Préposé en chef, soit l'employé des Contributions indirectes commis à cet effet, dans l'intérêt du Trésor ;

5° De remettre chaque jour, à l'Employé en chef des Contributions indirectes, un relevé des objets frappés du droit au profit du Trésor qui auront été introduits (1).

Art. 17.

L'adjudicataire ne pourra, sous aucun prétexte, se faire remplacer par un mandataire qu'autant que ce dernier aura été agréé par le Préfet, sur l'avis du Maire, pour les communes non assujetties au droit d'entrée,

---

(1) Article 92 de l'ordonnance du 9 décembre 1814.

et sur l'avis du Maire, et du Directeur des Contributions indirectes du département, pour les communes soumises au droit d'entrée au profit du Trésor.

Le Préfet pourra, quand il le croira utile, retirer son autorisation.

Art. 18.

Si l'adjudicataire en est requis, il fera percevoir par ses préposés les droits d'entrée établis pour le Trésor. Les sommes en provenant seront à la disposition de la Régie des Contributions indirectes, qui fera exercer, relativement à ces perceptions, tel genre de contrôle et de surveillance qu'elle jugera nécessaire (1), règlera le mode et les époques de leur versement, ainsi que la quotité de la remise qu'il y aurait lieu d'accorder à l'adjudicataire.

Si la Régie charge de la perception des droits d'entrée des préposés commissionnés par elle, l'adjudicataire sera tenu de les placer, avec ses propres Receveurs, dans les bureaux établis pour la perception des droits d'octroi (2).

Art. 19.

L'adjudicataire aura le libre choix de ses préposés, et la faculté de les révoquer à volonté. Néanmoins, M. le Préfet pourra, sur la demande du Maire, du Sous-Préfet ou du Directeur des Contributions indirectes, après avoir entendu l'adjudicataire, révoquer les préposés qui auraient donné lieu à des plaintes fondées, et qui ne rempliraient pas convenablement leurs fonctions dans l'intérêt de la commune et du Trésor (3).

(1) Article 154 de la loi du 28 avril 1816.
(2) Même article 154.
(3) Articles 57 de l'ordonnance royale du 9 décembre 1814 et 156 de la loi du 28 avril 1816.

Art. 20.

Il ne pourra proposer à la nomination du Préfet que des individus qui auront au moins vingt-un ans, et seront porteurs d'un certificat authentique de bonnes mœurs.

Ces préposés ne pourront être installés qu'après avoir été commissionnés par le Préfet et avoir prêté serment devant le Tribunal de première instance, ou devant le Juge de paix des lieux où il n'y a pas de tribunal de cet ordre (1).

Art. 21.

Tout préposé de l'octroi qui, étant en fonctions depuis un an, ne serait pas conservé par l'adjudicataire au moment de sa mise en jouissance, ou pendant les trois mois qui la suivent, recevra de cet adjudicataire, à titre d'indemnité, deux mois de traitement, pourvu qu'il ne soit pas révoqué pour mauvaise conduite ou prévarication constatées (2).

Art. 22.

L'adjudicataire sera tenu de payer les appointements de ses préposés, par douzième, à la fin de chaque mois.

Le montant de ceux du Préposé en chef, fixé à   par décision du Ministre des finances, en date du   , sera versé aux mêmes époques dans la caisse du Receveur municipal (3).

---

(1) Articles 6 et 7 de la loi du 27 frimaire an VIII ; 138, 139, 140, 141 et 142 du décret du 17 mai 1809 ; 156 de la loi du 28 avril 1816.

(2) Article 120 du décret du 17 mai 1809.

(3) Ce paragraphe devra être retranché lorsqu'il n'existera pas de préposé en chef près l'Octroi, ou, s'il en existe, lorsque le traitement de cet emploi n'aura pas été mis à la charge de l'adjudicataire.

Art. 23.

A dater de son entrée en jouissance, l'adjudicataire versera de mois en mois, et d'avance, le douzième du prix de l'adjudication ; savoir : les neuf dixièmes de cette somme entre les mains du Receveur de la commune, et le dernier dixième à la caisse des Contributions indirectes.

Il se conformera à ce mode de versement, quand même il aurait formé une demande en indemnité sur laquelle il serait encore en instance.

Art. 24.

A défaut par l'adjudicataire de satisfaire exactement aux versements prescrits par l'article précédent, il sera poursuivi par toute voie de droit, et même par corps. Le recouvrement du dernier dixième, représentant les 10 p. 0/0, sera poursuivi, s'il y a lieu, par la saisie des deniers de l'Octroi (1). Indépendamment de ces poursuites, le Maire pourra, avec l'autorisation du Préfet, fermer provisoirement les mains à l'adjudicataire, et faire verser directement à la caisse municipale, par les Receveurs de l'octroi, les fonds provenant de leurs recettes, jour par jour, sous leur responsabilité personnelle. Dans cet état de choses, les 10 p. 0/0 seront versés à la Régie par le Receveur municipal, et le recouvrement en sera poursuivi au besoin par voie de contrainte.

Art. 25.

Tous les bâtiments, meubles, effets et ustensiles actuellement employés à la perception de l'octroi, ainsi que les registres, papiers et instructions, seront déli-

---

(1) Article 157 de la loi du 28 avril 1816, et décision du Ministre des finances du 6 mars 1817.

vrés sans frais à l'adjudicataire, à la charge de les remettre en même état à la fin de sa jouissance. Il en sera dressé, entre lui et le Maire, un inventaire, dont un double sera déposé au secrétariat de la mairie.

Art. 26.

Si, à l'expiration du bail, la commune procède à une adjudication nouvelle, le même inventaire sera dressé en triple expédition entre le fermier sortant et son successeur, et l'une de ces expéditions sera remise au secrétariat de la mairie : le nouvel adjudicataire sera tenu de reprendre ceux desdits objets qui auraient été acquis par le précédent fermier ou régisseur, et de lui en payer la valeur actuelle, à dire d'experts, dans le mois de son entrée en jouissance.

Art. 27.

Si l'amélioration du service exige de nouveaux établissements, le bail durant, ils seront formés, après que l'utilité et le besoin en auront été constatés et reconnus par le Conseil municipal, avec l'autorisation du Ministre des finances, si la ville est assujettie au droit d'entrée pour le compte du Trésor, et du Préfet, si la commune n'est pas soumise à ce droit (1).

La dépense en résultant sera avancée par l'adjudicataire, qui en retiendra le montant, par égales portions, sur les fonds qu'il aura à verser à la caisse municipale.

Art. 28.

Avant d'être mis en possession, l'adjudicataire fournira à ses frais, par acte notarié, un cautionnement égal au quart du prix annuel de l'adjudication, en im-

(1) Article 10 de l'ordonnance du 9 décembre 1814.

meubles situés dans l'étendue du département ou dans les départements limitrophes.

Ces immeubles seront libres de tous priviléges, charges et hypothèques, et il en sera justifié par un certificat du Conservateur des hypothèques.

Leur valeur sera constatée par un extrait de la matrice du rôle de la contribution foncière, indiquant leur revenu net, et déterminée sur le pied de vingt fois ce revenu.

L'adjudicataire sera tenu de prendre, à ses frais, une inscription hypothécaire à la requête du Maire, pour sûreté dudit cautionnement, sur les immeubles y affectés.

Le cautionnement en immeubles pourra être remplacé, au choix de l'adjudicataire, par un cautionnement de la somme de (1)   en numéraire ou en rentes sur l'État (2).

Si le prix du bail s'élève à 5,000 fr. et au-dessus, l'adjudicataire sera, en outre, assujetti envers le Trésor à un cautionnement en numéraire du vingt-cinquième brut du prix annuel de l'adjudication (3).

Art. 29.

La restitution des sommes versées en vertu de l'article précédent et la décharge du cautionnement en immeubles, comme la radiation de l'inscription hypothé-

----

(1) Le montant du cautionnement sera réglé par l'autorité locale, qui pourra le réduire au-dessous du quart de la mise à prix.

(2) Les inscriptions en rentes sur l'État seront admises, savoir : les rentes 3 p. 0/0 , au cours de 75 francs, et les rentes 4, 4 1/2 et 5 p. 0/0 , au pair.

(3) Article 159 de la loi du 28 avril 1816, et décision du Ministre des finances du 6 mars 1817.

caire, ne seront consenties qu'après la reddition des comptes de l'adjudicataire et la remise des registres, pièces de comptabilité et autres objets indiqués articles 25 et 26.

Art. 30.

Sont à la charge de l'adjudicataire :

1° Les traitements des préposés, y compris celui du Préposé en chef (1) ;

2° Les loyers des bureaux et de tous bâtiments nécessaires à l'exploitation ;

3° Les réparations locatives et l'entretien de tous les meubles et ustensiles, tous les frais de bureau et de perception, ceux d'instances pour contestations ou contraventions, ainsi que les dépens auxquels il pourrait être condamné ;

4° Les frais de   exemplaires du Règlement et du Tarif en cahier format in-4°, et de   exemplaires en placard ;

5° Ceux de publication et d'affiches pour parvenir à l'adjudication ;

6° Ceux de timbre et d'enregistrement de l'adjudication ;

7° Les frais d'exercice faits, pour le compte de l'Octroi, par les employés des Contributions indirectes, dans le cas prévu par l'article 91 de l'ordonnance du 9 décembre 1814, chez les entrepositaires de boissons, les brasseurs et les distillateurs, lesquels ont été fixés, par décision ministérielle du 20 décembre 1816, à 5 p. 0/0 des produits constatés au profit de l'Octroi, tant sur les ventes faites à l'intérieur par les entrepositaires, que sur les manquants à leurs charges ;

(1) Voir la note relative à l'article 22.

8° Les dépenses relatives, tant à la fourniture des registres et impressions communes aux deux services, dans la proportion déterminée par l'article 69 de la même ordonnance, qu'à celle des registres et autres impressions spéciales à l'Octroi, ainsi qu'à la fourniture des instruments et ustensiles dont les articles 68 et 93 de ladite ordonnance prescrivent l'usage.

Art. 31.

La commune garantissant la jouissance pleine et entière des droits et des moyens de perception résultant du Tarif et du Règlement, ou *des Tarifs et des Règlements*, qui sont la base de la présente adjudication, l'adjudicataire ne pourra être reçu, sous aucun prétexte, à demander le résiliement du bail, ou des indemnités, ni à compter de clerc à maître, hors les cas prévus par l'article 9 ci-dessus et par l'article ci-après (1).

Art. 32.

Si, pour des causes majeures, le Gouvernement ordonnait le résiliement du bail, l'indemnité à accorder à l'adjudicataire sera du douzième du prix annuel du bail, si ce résiliement a lieu dans la première, du dix-huitième dans la seconde, et du trente-sixième dans la troisième année (2).

---

(1) En interdisant à l'adjudicataire toute demande en résiliement ou indemnité, les lois de la réciprocité exigent que la commune empêche qu'il ne soit troublé dans la jouissance des droits qu'elle lui a cédés, et qu'elle lui donne les moyens d'en assurer la perception. La renonciation de l'adjudicataire ne peut donc être que conditionnelle, et la commune n'a d'autres moyens d'éviter les demandes dont il s'agit dans cet article qu'en remplissant les conditions qui lui sont propres.

(2) Passé généralement en usage.

Art. 33.

L'adjudicataire sera tenu de former chaque mois, en présence du Maire, et concurremment avec les principaux préposés de l'Octroi et des Contributions indirectes, quatre bordereaux de recettes et dépenses, dont un pour minute, un pour la mairie, et les autres, signés du Maire et visés par le Sous-Préfet, pour être envoyés au Directeur des Contributions indirectes (1).

Il sera formé, en outre, à la fin des mois de mars, juin, septembre et décembre, une expédition en plus pour être transmise à l'Administration centrale des Contributions indirectes, par l'entremise du Directeur.

Art. 34.

Les contestations qui pourraient s'élever entre la commune et l'adjudicataire, sur l'exécution ou le sens des clauses du bail, seront déférées au Préfet, qui statuera en Conseil de préfecture, sauf recours au Gouvernement.

En conséquence, l'adjudicataire renonce à toute action devant les tribunaux sur ces points.

Art. 35.

Dans les vingt-quatre heures après l'adjudication, tous ceux qui auront obtenu un certificat d'admission pourront faire signifier au Maire ou au Sous-Préfet une surenchère, pourvu qu'elle soit au moins d'un douzième en sus du prix de ladite adjudication ; auquel cas il sera procédé sans différer à la réception de nouvelles enchères, mais seulement entre cet enchérisseur et l'adjudicataire.

Toute surenchère faite après les vingt-quatre heures

---

(1) Au chef-lieu du département, il suffira d'une expédition pour le Directeur, et on ne formera que *trois* bordereaux.

ou autrement que par le ministère d'un huissier, ne sera pas admise (1).

Art. 36.

L'adjudication ne sera définitive, et l'adjudicataire ne pourra, sous aucun prétexte, être mis en possession, qu'après que le bail, préalablement communiqué au Ministre de l'intérieur, aura été approuvé par le Ministre des finances; que l'adjudicataire aura fourni les cautionnements exigés, et qu'il aura justifié du versement du premier mois d'avance (2).

Art. 37.

L'adjudicataire ne pourra transférer l'effet de son adjudication, en tout ou en partie, sans le consentement exprès de l'autorité locale, approuvé par le Ministre des finances.

Art. 38.

Il ne pourra, en aucun cas, faire des remises de droits aux contribuables; il ne pourra non plus consentir avec eux des abonnements avant d'avoir obtenu, à cet effet, l'approbation de l'autorité supérieure.

Il lui est interdit de délivrer par lui-même aucune quittance ni aucun bulletin d'entrée ou de sortie, de déchargement, de crédit, passe-debout, transit ou entrepôt, ni d'employer pour la perception d'autres registres que ceux indiqués en l'article 6.

Toutefois, le fermier pourra, si des circonstances particulières l'exigent, être autorisé par le Préfet à effectuer lui-même la perception; cette autorisation sera donnée :

1° Sur l'avis du Maire, pour les communes non sujettes au droit d'entrée;

(1) Articles 117 du décret du 17 mai 1809.
(2) Article 124 et 155 du décret du 17 mai 1809.

2° Sur l'avis du Maire et du Directeur des Contributions indirectes du département , pour les communes soumises au droit d'entrée au profit du Trésor. Si le Préfet accorde l'autorisation , il délivrera à l'adjudicataire une commission spéciale , et ce dernier sera tenu de prêter serment comme les préposés.

Art. 39.

Si l'adjudicataire décède avant la fin de sa jouissance, les obligations résultant de l'adjudication passeront sur la tête de ses héritiers, à moins qu'ils ne renoncent à la succession. S'il y a renonciation , et si le cautionnement a été fourni par un tiers, la caution pourra obtenir d'être subrogée aux droits de l'adjudicataire.

En cas d'absence prolongée sans nouvelles, ou de fuite constante, le Maire prendra, de concert avec l'Employé supérieur de la Régie, et avec la caution s'il y a lieu, les mesures convenables pour assurer les droits de la commune et du Trésor.

Art. 40.

Immédiatement après l'adjudication , et avant d'en signer le procès-verbal, l'adjudicataire, s'il a des associés, fera la déclaration de leurs prénoms, noms, professions et demeures. Il joindra au procès-verbal l'acte de société, s'il en existe un, et ses associés signeront avec lui le procès-verbal (1).

Art. 41.

A défaut d'exécution des clauses et conditions ci-dessus, le Maire pourra, avec l'approbation du Préfet, et après sommation ou commandement à l'adjudicataire et à la caution, provoquer une adjudication à la folle-enchère, et commettre, s'il y a lieu, à leurs risques

______

(1) Article 116 du décret du 17 mai 1809.

et périls, une ou plusieurs personnes pour assurer provisoirement la perception jusqu'à la mise en jouissance du nouvel adjudicataire, et sauf les poursuites résultant de la folle-enchère (1).

Articles 42 à 47, concernant exclusivement les Régies intéressées.

Art. 42.

Le prix fixe de l'adjudication, à quelque somme que s'élèvent les produits, sera garanti dans son intégrité, et versé aux époques et de la manière prescrites par l'art. 23 du présent cahier des charges.

Art. 43.

Tous les frais et toutes les dépenses à la charge de l'adjudicataire sont abonnés à   pour cent du prix fixe de l'adjudication, qui seront prélevés à son profit sur ce qui excédera ledit prix.

S'ils ne s'élèvent pas à cette quotité, l'adjudicataire bénéficiera du surplus.

Si les produits sont insuffisants, le déficit sera à sa charge.

Art. 44.

Sur le produit brut de la perception excédant 1° le prix fixe de l'adjudication, 2° les frais de régie fixés à   pour cent, il sera accordé au régisseur un bénéfice dans les proportions ci-après :

Sur les premiers   francs,

Sur les   francs suivants,

Sur tout le reste,

(1) Article 131 du décret du 17 mai 1809.

Art. 45.

Le partage des bénéfices excédant le prix fixe du bail et les frais abonnés sera fait à la fin de chaque année; il ne sera que provisoire. La portion qui reviendra à la commune dans ce partage sera versée aussitôt dans la caisse municipale.

A l'expiration du bail, il sera fait le compte de la totalité des bénéfices, pour établir une année commune, d'après laquelle la répartition sera définitivement arrêtée, conformément aux proportions déterminées par le présent cahier des charges.

Art. 46.

Dans le premier mois de la deuxième année, le régisseur présentera son compte, à la vérification et à l'arrêté duquel il sera procédé le plus promptement possible par le Maire, et, au plus tard, dans le deuxième mois de cette seconde année, en présence du Directeur des Contributions indirectes ou de son délégué, de manière que le compte soit apuré avant la fin du deuxième mois.

Il en sera de même chaque année pour l'année précédente.

Art. 47.

Les frais résultant des instances dans lesquelles le régisseur succombera seront à sa charge, s'il a entrepris ou soutenu le procès sans l'autorisation du Maire; lorsque cette autorisation aura été accordée, ces frais seront à la charge de la commune (1).

(1) En régie intéressée, la commune a droit à partage dans l'excédant éventuel de recettes qui dépasserait le prix principal de régie; dès-lors elle a intérêt à connaître des poursuites judiciaires et de leur convenance, en ce qu'elles ont une influence considérable sur l'événement des produits. Le régisseur n'est pas laissé

Modèle d'un procès-verbal d'adjudication d'octroi à titre de bail à ferme ou de régie intéressée.

—

L'an mil huit cent   , le   , à   heure avant (*ou après*) midi ,

Nous   Maire *ou Sous-Préfet* d

nous sommes rendu en l'Hôtel-de-Ville (*ou à la mairie*), où se sont trouvés (*indiquer le nom du Maire et du Directeur ou autre préposé des Contributions indirectes délégué par ce dernier*) pour procéder à l'adjudication de l'octroi de ladite ville (*ou commune*) d   , ainsi qu'il a été indiqué par les avis insérés dans les journaux de   et les affiches qui ont été apposées en cette ville (*ou commune*) d   les
(*de quinzaine en quinzaine*), et insérées également dans les mêmes journaux , desquelles affiches suit la teneur :

(*Transcrire ici l'affiche.*)

Ladite adjudication devant avoir lieu aux charges , clauses et conditions suivantes :

ARTICLE PREMIER.

(*Transcrire ici tous les articles du cahier des charges.*)
Lecture faite à haute et intelligible voix de tout ce

maître d'agir à son gré ; et , d'une autre part , il est juste que la commune supporte les frais des instances qu'elle a autorisées. Cette disposition est déjà ancienne.

qui précède, et après avoir annoncé que les personnes qui ont été admises aux enchères, ainsi qu'il a été indiqué aux affiches, sont MM. (*indiquer exactement les noms, prénoms, professions et demeures*),

Nous avons déclaré qu'il allait être procédé à la réception des enchères, dont chacune ne pourra être inférieure à la somme de   sur une première mise à prix de   , et que l'adjudication n'aura lieu que lorsqu'un feu se sera éteint sans que, pendant sa durée, il ait été fait aucune enchère.

Ayant fait allumer un premier feu, le prix a été porté
à   par
à   par
à   par

Ce feu s'étant éteint, il en a été allumé un autre, pendant lequel le prix a été porté à   par   , etc.

Un autre feu ayant été allumé et s'étant éteint sans enchère, nous avons déclaré que l'adjudication était faite au prix annuel de

à

lequel a déclaré avoir pour associés les sieurs

         lesquels (*s'ils sont présents*)   se sont soumis avec lui, ou (*s'ils ne le sont pas*) dont il s'engage à fournir la ratification, se soumettant, tant pour eux que pour lui, à l'entière exécution des charges, clauses et conditions de la présente adjudication, sous la garantie de tous leurs biens meubles et immeubles, solidairement, sans division ni discussion.

(*Toutes les personnes indiquées en tête du procès-verbal doivent signer après l'adjudication, ainsi que l'adjudicataire et ses associés présents.*)

Modèle d'affiche.

—

DÉPARTEMENT D

———

Octroi d

———

Il sera procédé le (*indiquer le jour de la semaine, la date du mois, l'année et l'heure précise du matin ou de l'après-midi*), à l'Hôtel-de-Ville (*ou à la mairie*) d par le Maire (*ou le Sous-Préfet*) (1), à l'adjudication, au plus offrant et dernier enchérisseur, à titre de bail à à ferme (*ou de régie intéressée*), des droits de l'octroi municipal de ladite ville (*ou commune*) pour années qui commenceront le   et finiront le (2)

(1) Dans les villes d'une population de cinq mille âmes et au-dessus, l'adjudication doit être faite par le Maire ; dans celles d'une population moindre, elle doit l'être par le Sous-Préfet, qui se transporte sur les lieux mêmes pour y procéder, une décision du Gouvernement, du 7 décembre 1809, ayant dérogé, en ce point, à l'article 110 du décret du 17 mai de la même année. Si le Sous-Préfet est empêché, et que le Maire, ou toute autre personne, soit délégué par lui pour le remplacer, le procès-verbal doit expressément faire mention de cette circonstance.

(2) Aux termes de l'article 112 de ce décret, aucune adjudication ne peut excéder trois années, sauf le cas où l'on aurait à y comprendre ce qui resterait à courir de l'année commencée. Si des circonstances particulières exigeaient que ce terme fût dépassé,

Les droits seront établis sur (*d'signer seulement celles
des cinq divisions de l'article* 16 *du décret du* 17 *mai*
1809 *qui sont comprises au Tarif*).

La première mise à prix est fixée à   (1)

cette exception ne pourrait être prononcée que sur la demande
des autorités locales, lesquelles ne pourraient publier les affiches
préparatoires qu'après la réception de l'ordonnance royale qui
aurait accordé l'autorisation. Dans tous les cas, l'adjudication doit
avoir pour terme le 31 décembre, et être faite un mois au moins
avant le commencement du bail.

(1) L'autorité locale ne saurait s'entourer de trop de lumières
pour déterminer le montant de la première mise à prix.

Une adjudication peut avoir lieu aujourd'hui, soit au moment
même d'un premier établissement, soit après une régie simple,
avec le même Tarif, soit avec un Tarif nouveau.

Dans le premier cas, le Tarif n'ayant pas été encore éprouvé,
son produit présumé ne peut être évalué qu'approximativement,
et eu égard, soit à la population plus ou moins nombreuse de la
commune, soit à ses facultés, à ses besoins et à la connaissance
qu'il est possible d'avoir de sa consommation ordinaire en objets
tarifés, soit aux facilités ou aux difficultés que présentent le Règlement et les localités pour assurer la perception des droits. La première mise à prix doit être alors le produit présumé du Tarif,
déduction faite des frais de régie.

Dans le second cas, le produit de la régie simple, sous la même
déduction, devrait servir de base à la première mise à prix; mais
l'autorité locale doit examiner si ce produit n'a point été affaibli
par l'inexpérience ou la négligence des agents de la perception, ou
par quelques circonstances particulières qui ne se reproduiront plus;
et ces diverses considérations doivent nécessairement influer sur sa
détermination.

Dans le troisième cas, la première mise à prix doit être, comme
dans le premier, le produit présumé du nouveau Tarif, déduction
faite des frais de régie, en observant toutefois qu'un nouveau
Règlement plus favorable à la perception doit aussi être compté
pour la détermination de cette mise à prix.

On n'admettra aux enchères que des personnes d'une moralité, d'une solvabilité et d'une capacité reconnues, et qui, après s'être fait inscrire sur le tableau des candidats, auront obtenu du Maire, quatre jours au moins avant l'adjudication, un certificat d'admission (1), sauf le recours au Préfet.

Aucune personne attachée aux administrations civiles, aux tribunaux, ou ayant une surveillance ou juridiction quelconque sur l'administration de l'Octroi, ne pourra être ni adjudicataire ni associée de l'adjudicataire,

---

Le renouvellement de la ferme, à l'expiration de ces premières adjudications, donne lieu de prévoir un quatrième cas.

Le prix annuel du précédent bail paraît devoir naturellement servir de première mise à prix ; mais il est une multitude de circonstances qui doivent la modifier, et qui ne peuvent être appréciées que par les autorités locales. Les bénéfices trop considérables obtenus par le dernier adjudicataire, ou les pertes qu'il aurait éprouvées, peuvent justifier une augmentation ou une diminution de prix ; il est cependant essentiel d'examiner si les pertes sont réelles ou simulées, si elles ne proviennent ni de la mauvaise administration de l'adjudicataire, ni de quelques circonstances fortuites et passagères, ni enfin des vices des Tarif et Règlement.

Il n'est pas besoin de dire que tous changements apportés dans ces Règlement et Tarif doivent être pesés et pris en considération lors de la fixation d'une première mise à prix.

(1) Les certificats d'admission indiqués par cet article sont nécessaires pour l'exécution du décret du 17 mai 1809, qui exclut des enchères les personnes qui ne seraient pas d'une moralité, d'une solvabilité et d'une capacité reconnues, ainsi que celles qui font le commerce d'objets compris au Tarif, ou qui sont attachées aux administrations civiles ou aux tribunaux. L'article 114 du décret précité attribuant au Maire, sauf le recours au Préfet, le jugement sur l'admissibilité des concurrents, il doit prendre les moyens d'écarter des enchères ceux qu'il croirait ne devoir pas y être admis.

14

sous peine de résiliation et de tous dommages et intérêts (1).

Ne pourront pareillement être admis aux enchères
ceux qui font commerce de quelques-uns des objets
compris au Tarif (2).

Le cahier des charges, clauses et conditions de l'adjudication est déposé au secrétariat de la mairie, où il
en sera donné connaissance à toutes les personnes qui
s'y présenteront. Il leur sera également fourni tous les
renseignements qu'elles pourront désirer, tant sur le
montant des produits que sur la nature, le nombre et
la quantité des objets qui ont été imposés depuis l'établissement de l'octroi.

(1) Article 127 du décret du 17 mai 1809.
(2) Articles 145 du décret du 17 mai 1809 et 63 de l'ordonnance
du 9 décembre 1814.

Règlement de l'octroi de la ville de....

—

CHAPITRE PREMIER.

§ 1er. — *De la Perception.*

ARTICLE PREMIER.

L'octroi municipal et de bienfaisance établi dans la commune de   , département d   , sera perçu conformément au Tarif ci-annexé, et d'après les dispositions du présent Règlement.

La perception se fera sur tous les objets compris au Tarif et sur tous les consommateurs, sans aucune exception.

La surveillance immédiate de l'octroi appartient au Maire, sous l'autorité de l'Administration supérieure.

La surveillance générale sera exercée par la Régie des Contributions indirectes.

ART. 2.

Le rayon de l'octroi comprendra tout le territoire de la commune, à l'exception des dépendances rurales et des habitations éparses sans issues immédiates sur les chemins de ronde ou en dehors des limites ci-après :

ART. 3.

Les objets compris au Tarif de l'octroi arrivant de l'extérieur du rayon, soit par terre, soit par eau, ne pourront être introduits que par les barrières ou bureaux indiqués au présent article ; en conséquence, les déclarations et la recette des droits se feront aux bureaux ci-après, etc., etc. :

Ces bureaux seront indiqués par un tableau portant ces mots : *Bureau de l'Octroi;* ils seront ouverts tous les jours, depuis le lever jusqu'au coucher du soleil.

Les boissons assujetties aux taxes de l'Etat ne pourront néanmoins être introduites, ni sortir du rayon, qu'aux époques et heures ci-après :

Pendant les mois de janvier, février, novembre et décembre, depuis sept heures du matin jusqu'à six heures du soir ;

Pendant les mois de mars, avril, septembre et octobre, depuis six heures du matin jusqu'à sept heures du soir ;

Pendant les mois de mai, juin, juillet et août, depuis cinq heures du matin jusqu'à huit heures du soir.

Art. 4.

Il sera établi un bureau de recette dans l'intérieur du rayon, pour la perception des droits d'octroi constatés pour le compte de la ville, par la Régie des Contributions indirectes, et ceux dus sur les objets tarifés, fabriqués ou préparés dans l'intérieur ou provenant des entrepôts.

Art. 5.

Sur la demande du commerce, et en vertu d'arrêtés du Maire, régulièrement approuvés par les autorités compétentes, des bureaux de vérifications et de recette pourront être établis dans l'intérieur du rayon pour faciliter aux entreprises la visite des voitures, paquebots, etc., etc.

Les frais d'institution et d'administration de ces bureaux seront à la charge des entreprises qui en auront demandé et obtenu l'établissement.

Ces entreprises jouiront seules, à l'exclusion de celles non comprises dans les arrêtés du Maire, des facilités résultant de la création de bureaux auxiliaires dans l'intérieur du rayon.

Les présents Tarif et Règlement seront affichés dans l'intérieur et à l'extérieur des bureaux de déclarations, de recette et de vérifications.

§ II. — *Perception sur les objets venant de l'extérieur.*

Art. 6.

Tout porteur ou conducteur d'objets assujettis aux droits d'octroi sera tenu, avant de les introduire, d'en faire la déclaration au bureau, de produire les congés, acquits-à-caution, passavants, ainsi que les lettres de voiture, connaissements, chartes-parties, ou toutes expéditions qui les accompagnent, d'acquitter les droits si les objets sont destinés à la consommation du lieu, ou de se munir d'un permis de passe-debout ou d'entrepôt, sous peine de la confiscation desdits objets et d'une amende de cent à deux cents francs.

Toute déclaration devra indiquer la nature, la quantité, le poids et le nombre des objets à introduire.

Art. 7.

Après la déclaration, les préposés pourront faire toutes les recherches, visites et vérifications nécessaires pour en constater l'exactitude; les conducteurs seront tenus de souffrir et même de faciliter toutes les opérations relatives auxdites vérifications, d'ouvrir les caisses, ballots, paniers, etc., sans que, dans aucun cas, ils puissent prétendre à une indemnité pour raison de retard.

Les mêmes vérifications pourront être faites, au déchargement dans l'intérieur du rayon, toutes les fois que les chargements auront été suivis par les préposés depuis le bureau d'entrée jusqu'au domicile du destinataire.

Tout objet soumis à l'octroi qui, nonobstant l'interpellation faite par les préposés, serait ou aurait été introduit sans avoir été déclaré ou sur une déclaration fausse, sera saisi ; les voitures, chevaux et autres moyens de transport seront également saisis, à défaut par les contrevenants de consigner le maximum de l'amende prononcée par l'article précédent, ou de fournir caution solvable.

Art. 8.

Il est défendu aux préposés, sous peine de destitution et de tous dommages - intérêts , de faire usage de la sonde dans la visite des malles, caisses et ballots annoncés contenir des étoffes , linges et autres objets susceptibles d'être endommagés.

Dans ce cas , comme dans tous ceux où les objets ne pourraient être vérifiés à la barrière, la vérification en sera faite dans l'emplacement à ce destiné, et déterminé par l'autorité locale. Elle pourra l'être également, sur la demande du propriétaire ou conducteur, au domicile du destinataire, moyennant le payement, entre les mains du Receveur, des frais d'escorte réglés conformément à l'article 30 du présent Règlement.

Art. 9.

Les objets soumis à l'octroi, dont l'introduction ou la tentative d'introduction aura lieu par d'autres points que ceux désignés à l'article 3 , seront saisis, et les contrevenants passibles des peines prononcées par l'article 6.

Il n'est fait d'exception à cette règle qu'en faveur des

mêmes denrées, lesquelles pourront être déclarées aux postes de surveillance ci-après, et acquitter le droit toutes les fois que ce droit n'excédera pas cinquante centimes.

Poste de surveillance à l'entrée de , etc., etc.

ART. 10.

Les objets compris au Tarif, arrivant par eau, seront conduits directement au port, devant le premier bureau d'entrée, et ne pourront franchir la limite de ce port, ni être déchargés dans l'intérieur du rayon , qu'après que les propriétaires ou conducteurs auront rempli les conditions voulues par les articles 5 et 6 du présent Règlement.

Les préposés n'auront pas à répondre des avaries, pertes ou soustractions, pendant le séjour sur le port, des objets débarqués sous leur surveillance; en conséquence, les propriétaires ou conducteurs seront tenus, après le débarquement, de consigner ou faire cautionner le droit sur la totalité des objets déposés : ce droit sera remboursé ou compensé, ou la caution déchargée *au prorata* des enlèvements avec quittances, passe-debouts ou bulletins d'entrepôt.

ART. 11.

Les préposés sont autorisés à contre-vérifier, au débarquement sur les ports de l'intérieur, les objets arrivés par eau; à cet effet, ils pourront assister aux déchargements et faire toutes les recherches et visites nécessaires pour s'assurer du payement des droits et de l'exactitude des déclarations faites à l'entrée dans le rayon.

Les objets pour lesquels les justifications ne seraient pas produites seront saisis, et les propriétaires ou conducteurs passibles des peines prononcées par l'article 6.

Art. 12.

L'introduction ou la tentative d'introduction, soit par terre, soit par eau, d'objets soumis aux droits, à l'aide d'ustensiles préparés ou de moyens disposés par la fraude, donnera lieu à l'arrestation du porteur ou conducteur desdits objets ; cette arrestation pourra être opérée par les préposés de l'octroi.

Art. 13.

Lorsqu'en vertu de l'article précédent les préposés auront arrêté et constitué prisonnier un fraudeur, ils seront tenus de le conduire sur-le-champ devant un officier de police judiciaire, ou de le remettre à la force armée, qui le conduira devant le juge compétent, lequel statuera de suite, par décision motivée, sur l'emprisonnement ou la mise en liberté du prévenu.

Néanmoins, celui-ci sera immédiatement mis en liberté s'il offre bonne et suffisante caution de se présenter en justice et d'acquitter l'amende encourue, ou s'il consigne ladite amende.

Art. 14.

Les habitants domiciliés à l'extérieur des bureaux de perception, non compris dans l'enceinte du rayon de l'octroi, ne pourront faire entrer chez eux aucun objet soumis au droit, avant d'en avoir fait la déclaration au bureau le plus voisin et d'en avoir acquitté le droit.

Art. 15.

Les habitants compris en l'article précédent, etc., etc., etc., ne pourront introduire dans le lieu principal aucun des objets désignés dans le Tarif annexé au présent Règlement, sous prétexte d'en avoir déjà payé le droit, à moins qu'il ne soit préalablement justifié, par la représentation des quittances et par l'identité des objets, que les droits ont été réellement acquittés antérieurement ; dans ce cas l'introduction aura lieu en franchise du droit, et les quittances resteront annexées aux registres d'entrée.

ART. 16.

Le défaut de justification du payement du droit, dans le cas prévu par l'article précédent, aura toujours pour résultat, lorsque les objets tarifés seront transportés dans le lieu principal, l'application des règles concernant les objets venant des localités non comprises dans le rayon de l'octroi.

ART. 17.

Il sera fait, au domicile des commerçants établis dans les localités nouvellement assujetties à l'octroi, un inventaire de tous les objets compris au Tarif; les préposés de l'octroi procéderont à cet inventaire auquel les employés des contributions indirectes sont autorisés à concourir, au moment de la mise en vigueur du présent Règlement.

ART. 18.

Les commerçants désignés en l'article précédent seront tenus, immédiatement après l'inventaire, d'acquitter les droits d'octroi sur ceux des objets compris au Tarif pour lesquels la faculté de l'entrepôt ne serait pas réclamée.

ART. 19.

Les diligences, fourgons, fiacres, cabriolets, omnibus, tombereaux, charrettes, etc., étant soumis aux visites des préposés de l'octroi, devront être arrêtés aux barrières d'entrée par les propriétaires ou conducteurs. Il en est de même des navires, bateaux, coches, barques, ainsi que des voitures particulières suspendues ou non suspendues.

Le refus de souffrir la visite ou d'arrêter pour la

subir, sera réputé opposition à l'exercice des fonctions de préposés de l'octroi.

Art. 20.

Les individus voyageant à pied ou à cheval ne pourront être arrêtés, questionnés ou visités sur leur personne, ni à raison de leurs effets.

Tout acte contraire à la présente disposition sera réputé acte de violence, et les préposés qui s'en rendront coupables seront poursuivis correctionnellement et punis des peines prononcées par les lois.

Tout individu soupçonné de faire la fraude à la faveur de cette exception, pourra être conduit devant un officier de police ou devant le Maire pour y être interrogé, et la visite de ses effets autorisée s'il y a lieu.

Art. 21.

Les courriers ne pourront être arrêtés à leur passage sous prétexte de la perception, mais ils seront tenus d'acquitter les droits sur les objets soumis à l'octroi qu'ils introduiraient pour être consommés dans la localité; à cet effet, les préposés de l'octroi seront autorisés à assister au déchargement des malles.

§ III. — *Perception sur les objets de l'intérieur.*

Art. 22.

Toute personne qui récolte, prépare ou fabrique dans l'intérieur du rayon de l'octroi des objets compris au Tarif, est tenue, sous peine de la confiscation des objets récoltés, préparés ou fabriqués, et d'une amende de 100 à 200 fr., d'en faire la déclaration et d'acquitter le droit, si elle ne réclame la faculté de l'entrepôt.

Les préposés de l'octroi reconnaîtront à domicile les

quantités récoltées, préparées ou fabriquées, et feront toutes les vérifications nécessaires pour prévenir la fraude.

Art. 23.

Les animaux destinés à être abattus seront, s'il y a lieu, marqués au feu au moment de leur introduction. Ceux qu'on introduira morts, ou qu'on abattra dans l'intérieur des limites, seront marqués au noir sur les extrémités des quartiers. On ne pourra, dans l'un et l'autre cas, se servir d'autres marques que celles déterminées par le Maire.

Art. 24.

Les préposés de l'octroi pourront vérifier si les bestiaux, destinés pour la consommation locale, portent la marque autorisée par l'article précédent, et saisir ceux non marqués, comme ayant été introduits sans déclaration préalable ; à cet effet, ils pourront faire, dans les boucheries et tueries, les vérifications et recherches nécessaires pour s'assurer du payement des droits.

CHAPITRE II.

§ Ier. — Passe-debout, transit et entrepôt des objets soumis aux droits du Trésor.

Art. 25.

Les formalités du passe-debout et du transit seront les mêmes, pour l'octroi, que celles qui sont observées par la Régie des Contributions indirectes.

L'entrepôt des boissons aura lieu, pour l'octroi, d'après les mêmes formalités, conditions et pour les mêmes quantités que celles qui sont fixées à l'égard des droits du Trésor. Néanmoins l'entrepôt, pour l'octroi, ne sera accordé qu'autant que les entrepositaires présenteront des cautions solvables, qui s'engageront, solidairement avec eux, au payement des droits d'octroi sur les boissons qu'ils ne justifieront pas avoir fait sortir de l'enceinte du rayon, par l'une des barrières désignées en l'article 3.

Art. 26.

Les exercices, chez les entrepositaires, seront faits par les employés des Contributions indirectes, en conformité de l'article 91 de l'ordonnance du 9 décembre 1814.

§ II. — Du passe-debout des objets non soumis aux droits du Trésor.

Art. 27.

Le conducteur d'objets soumis à l'octroi, qui voudra traverser seulement la commune ou y séjourner moins de vingt-quatre heures, sera tenu de se munir d'un passe-debout.

Art. 28.

Pour jouir de l'exemption résultant du passe-debout, les propriétaires, conducteurs ou porteurs d'objets portés au Tarif, seront tenus de faire les déclarations prescrites par l'article 6, et d'indiquer, en outre, le lieu du départ et celui de la destination.

Art. 29.

Les droits seront consignés ou cautionnés. Ces droits seront rendus ou la caution déchargée, lorsque la sortie des objets aura été constatée, dans le délai accordé, à l'une des barrières désignées en l'article 3.

Lorsque les conducteurs ne pourront cautionner, ni

consigner les droits, il leur sera accordé une escorte, dont les frais seront à leur charge.

ART. 30.

L'escorte pourra avoir lieu soit par terre, soit par eau; il sera perçu par le Receveur, à titre de frais de conduite, savoir :

Frais de conduite par chaque préposé escortant.

	PAR EAU,		PAR TERRE.
	à la remonte.	à la descente.	
	fr. c.	fr. c.	fr. c.
D'un bureau d'entrée à un bureau de sortie.	» »	» »	» »
D'un bureau d'entrée à un point intermédiaire	» »	» »	» »
D'un point intermédiaire à un point de sortie	» »	» »	» »

ART. 31.

Les chargements escortés, qui ne sortiraient, dans le délai du passe-debout, que le lendemain de leur introduction, resteront sous la garde des préposés, à moins que le droit ne soit consigné ou cautionné au moment de l'interruption du transport; dans ce cas, indépendamment des frais d'escorte réglés par l'article précédent, le conducteur acquittera encore les frais de garde au lieu de dépôt.

ART. 32.

Toute substitution ou toute altération faite dans la nature ou l'espèce des objets en passe-debout ou en transit, pendant la durée du séjour, fera encourir au contrevenant une amende de 100 à 200 francs, et entraînera en outre la confiscation des objets représentés, et le payement d'une somme égale à la différence de leur valeur avec celle des objets reconnus à l'entrée, laquelle sera déterminée d'après le prix moyen dans le lieu sujet.

Art. 33.

Les caisses et ballots, accompagnés d'acquits-à-caution et portant les plombs et marques des Contributions indirectes ou des Douanes, sont affranchis des visites et vérifications, si les plombs et marques sont reconnus sains et entiers, et dans le cas seulement où les objets resteront sous la surveillance des employés.

Art. 34.

Dans le cas où, par force majeure, ou par accident reconnu par les employés, un conducteur sera retenu dans le rayon de l'octroi au-delà du délai fixé, le passe-debout sera, sur sa déclaration, converti en transit, et le chargement restera, à ses frais, sous la garde des préposés, dans l'emplacement désigné par le Maire, si le droit n'a pas été consigné ou cautionné, soit à l'entrée, soit au moment de la déclaration du transit.

Art. 35.

En cas de changement de moyens de transport, ayant pour effet de rendre plus difficile la vérification à la sortie des objets introduits en passe-debout, les employés devront y être appelés.

§ III. — *Du transit des objets non soumis aux droits du Trésor.*

Art. 36.

Les déclarations et formalités prescrites pour les

objets en passe-debout, excepté en ce qui concerne l'escorte, auront également lieu pour le transit. .

Art. 37.

La durée du transit est fixée à trois jours. Nulle prolongation au-delà de ce terme ne peut avoir lieu que sur l'autorisation du Maire, d'après l'avis du Préposé principal de l'octroi, et dans le cas d'une nécessité dûment constatée.

Art. 38.

Les déclarations relatives au transit seront toujours précédées de la formalité du passe-debout, dont la consignation ne sera remboursée, ou la caution déchargée, qu'après la sortie des objets déclarés.

Art. 39.

Vingt-quatre heures après le délai fixé par le passe-debout, si celui-ci n'a pas été converti en transit, ou vingt-quatre heures après le délai fixé par le transit, si ce délai n'a pas été prolongé, les droits consignés ou cautionnés seront acquis à l'octroi, s'il n'a pas été justifié dans les délais prescrits de la décharge du passe-debout ou du transit.

Art. 40.

Les permis de transit ne seront délivrés qu'au bureau de l'intérieur, sur l'exhibition des passe-debouts.

Les objets admis au transit, après consignation ou cautionnement des droits, soit à l'entrée, soit au moment des déclarations de transit, pourront être conduits chez les négociants ou commissionnaires de roulage chargés de les expédier; mais ils resteront sous la surveillance des préposés de l'octroi, qui pourront se les faire représenter.

Art. 41.

S'il n'était représenté qu'une portion des objets déclarés en transit, les droits seraient acquis sur la portion non représentée, à moins toutefois que la vente n'en eût été faite à un entrepositaire et les objets pris en charge à son compte.

Art. 42.

Les voitures et transports militaires, chargés d'objets assujettis aux droits, sont soumis aux règles ci-dessus prescrites pour le transit et le passe-debout (article 40 de l'ordonnance du 9 décembre 1814). Toutefois, dans le cas où l'emploi de ces formalités pourrait apporter un retard nuisible, les préposés se borneront à surveiller ou à escorter le convoi.

§ IV. — *Des bestiaux amenés aux foires et marchés dans l'intérieur du rayon de l'octroi.*

Art. 43.

Les bestiaux destinés à l'approvisionnement des foires et marchés, sur les places comprises dans l'enceinte du rayon de l'octroi, et affectées à cette destination par les ordonnances de police, ne pourront être introduits qu'avec consignation des droits au bureau d'entrée.

Le cautionnement desdits droits sera néanmoins admis sous la responsabilité personnelle du Receveur.

Art. 44.

Il sera délivré au propriétaire ou conducteur des bestiaux destinés à l'approvisionnement des foires et marchés dans l'enceinte du rayon, un permis d'introduction portant le nombre et l'espèce des bestiaux : ce permis, qui sera signé par trois employés de l'octroi, présents à l'introduction, fera mention de la consignation ou du cautionnement des droits.

Art. 45.

Pendant la durée des foires et marchés, dont l'ouverture et la clôture sont déterminées par les ordonnances
de police, le propriétaire ou conducteur sera admis, sur
l'exhibition d'un permis *ad hoc*, à exporter les bestiaux
destinés à l'extérieur du rayon : à cet effet, il aura à
présenter aux barrières de sortie les bestiaux destinés
à l'exportation et à se munir d'un certificat que les employés de l'octroi, au nombre de trois au moins, seront
tenus de lui délivrer, après la sortie et la vérification
du nombre et de l'espèce des bestiaux

Art. 46.

Sur le vu et la remise du certificat d'exportation,
mentionné en l'article 45, le droit consigné à l'entrée
sera remboursé, ou la caution déchargée au *prorata*
du nombre et de l'espèce des bestiaux exportés.

Art. 47.

Après la clôture des foires ou marchés, le compte
des introducteurs sera liquidé, d'une part, par les sorties dont les justifications auront été produites; de
l'autre, par la conversion en recette des droits applicables aux bestiaux dont la sortie du rayon de l'octroi
n'aura pas été justifiée.

§ V. — *Des bestiaux destinés au pacage à l'extérieur
du rayon de l'octroi.*

Art. 48.

Les bouchers de l'intérieur, dont les approvisionnements excéderont leurs besoins journaliers, pourront
être admis, sur l'exhibition de la justification du paiement des droits à l'entrée, à conduire leurs bestiaux au
pacage de l'extérieur.

A cet effet, il sera tenu , au bureau de
seulement, un registre à souche destiné à l'enregistrement des bestiaux déclarés pour le pacage à l'extérieur ;
une ampliation de la déclaration, portant permis de
réintroduction, sera délivrée aux propriétaires ou conducteurs desdits bestiaux, après que la sortie du rayon
en aura été constatée par les préposés de l'octroi, au
nombre de trois au moins.

ART. 49.

Les bestiaux admis au pacage à l'extérieur pourront
être réintroduits, par la barrière d
seulement, dans les huit jours qui suivront leur sortie
du rayon : ces réintroductions seront constatées sur
des registres spéciaux , et ne donneront lieu à aucune
perception.

§ VI. — Des bestiaux entretenus dans le rayon
de l'octroi.

ART. 50.

Les propriétaires de bestiaux entretenus dans le
rayon de l'octroi, devront faire leur déclaration au bureau de l'intérieur; il leur sera délivré un permis de
circulation indicatif du nombre, de l'espèce et du lieu
de passage affecté à la sortie et à la rentrée de ces animaux; ceux qui seraient introduits au-delà du nombre
fixé par le permis, et sans déclaration préalable, seront
saisis.

ART. 51.

Les propriétaires des bestiaux dont il s'agit souffriront
les visites et exercices des préposés de l'octroi dans
leurs étables et bergeries. Il sera fait inventaire de

leurs bestiaux, lequel sera suivi de recensements aux époques déterminées par le Maire.

Art. 52.

Ils seront aussi tenus de déclarer d'avance le nombre et l'espèce des animaux qu'ils livreront aux bouchers et charcutiers, ceux qu'ils feront venir du dehors pour les remplacer, et ceux qu'ils abattront pour leur consommation personnelle.

Ils déclareront également toute diminution ou augmentation dans le nombre de leurs bestiaux et pour quelque cause que ce soit.

Art. 53.

Les bestiaux morts naturellement, ou exportés hors de la commune, ne sont passibles d'aucun droit. Il sera fait déclaration des premiers dans le jour de la mort, et des seconds préalablement à leur exportation. Ces déclarations seront vérifiées par les préposés. A l'époque des recensements, les propriétaires seront tenus d'acquitter les droits pour les bestiaux reconnus manquants à leur charge.

§ VII. — *Des vaches, brebis, chèvres entrant acciden-*
tellement dans le rayon.

Art. 54.

Les propriétaires ou conducteurs qui auront à introduire, dans le rayon, des vaches, brebis, chèvres, pour fournir du lait aux malades, seront tenus d'en faire la déclaration au bureau d'entrée, et de consigner ou de faire cautionner le droit ; il leur sera délivré, au bureau de l'intérieur, sur le vu de la consignation ou cautionnement du droit, un permis de circulation indicatif du nombre et de l'espèce des animaux et de la barrière de sortie pour le pacage.

ART. 55.

Les propriétaires ou conducteurs pourront, dans le cas prévu par l'article précédent, faire sortir et rentrer les animaux par la barrière désignée sur le permis de circulation; ce permis, qu'ils seront tenus de représenter à la sortie et à la rentrée, sera visé, à chaque passage, par les préposés de l'octroi, et devra être renouvelé tous les mois.

ART. 56.

Le droit, consigné ou cautionné à l'entrée, sera remboursé ou la caution déchargée au moment de la sortie définitive des animaux, si elle a lieu dans le délai du permis de circulation; dans le cas contraire, il sera acquis à l'octroi.

§ VIII. — *Entrepôt des objets non soumis aux droits du Trésor.*

ART. 57.

Les commerçants patentés pourront, en justifiant de leur qualité, être admis à recevoir, à titre d'entrepôt et sans acquittement préalable des droits, mais sous caution solvable ou consignation des droits, les marchandises soumises à l'octroi et désignées dans l'art. 58.

Les admissions à la qualité d'entrepositaire seront prononcées par le Maire; toutes les contestations qui s'élèveraient relativement à l'admission au bénéfice de l'entrepôt, seront portées devant le Maire qui prononcera, sauf recours au Préfet.

ART. 58.

Sont désignés ci-après les objets admis à l'entrepôt,

ainsi que la quantité au-dessous de laquelle la faculté de l'entrepôt ne pourra être accordée :

1° La bière, chez les brasseurs seulement, un brassin ;
2° Le vinaigre, dix hectolitres ;
3° La viande salée et fumée, cent kilogrammes ;
4° Le charbon de bois, cent mètres cubes ;
5° Le foin , trois cents quintaux métriques ;
6° La paille , *idem ;*
7° L'avoine, trois cents hectolitres ;
8° La chaux et le ciment, dix mètres cubes ;
9° Le plâtre, cent quintaux métriques ;
10° Les briques, tuiles, carreaux, dix mètres cubes ;
11° Les carriches, ardoises, deux et demi mètres cubes ;
12° Les bois de construction, dix mètres cubes.

Art. 59.

La sortie, pour être admise en décharge au compte d'entrepôt, ne pourra être moindre de :

Cinquante litres de bière ;
Cent litres de vinaigre ;
Dix kilogrammes de viande salée ou fumée ;
Deux et demi mètres cubes de charbon de bois ;
Vingt-cinq quintaux métriques de foin ;
Vingt-cinq quintaux métriques de paille ;
Vingt-cinq hectolitres d'avoine ;
Un mètre cube de chaux ou de ciment ;
Dix quintaux métriques de plâtre ;
Un mètre cube de tuiles, briques ou carreaux ;
Vingt-cinq centièmes de mètre cube de carriches ou d'ardoises ;
Un mètre cube de bois de construction.

Art. 60.

Les conditions pour l'entrepôt sont :

1° De faire connaître d'avance les lieux de dépôt ;

2° De faire une déclaration, par écrit, au bureau de l'octroi avant l'entrée des objets à entreposer, et de se munir d'un bulletin d'entrepôt ;

3° De consigner ou de faire cautionner les droits, conformément à l'art. 57 ;

4° De permettre les visites et exercices des préposés et de les laisser pénétrer, à toute réquisition, dans les lieux de dépôt ;

5° De faire, de la manière et dans les formes voulues par le présent Règlement, les déclarations d'expéditions pour le dehors et pour l'intérieur.

Art. 61.

La qualité de détaillant exclut la faculté d'entreposer, à moins que le détaillant n'ait, pour la vente en gros, un magasin particulier qui n'ait aucune communication avec celui de la vente en détail.

Art. 62.

Toute expédition d'objets entreposés ne pourra avoir lieu qu'aux heures indiquées par l'art. 3 du présent Règlement, et devra, avant l'enlèvement desdits objets, être déclarée au bureau de l'octroi ; les droits seront acquittés sur-le-champ, pour les objets destinés à la consommation locale.

Il sera délivré un permis d'exportation pour les objets expédiés pour l'extérieur. Ces objets seront représentés aux préposés de l'octroi, lesquels, après vérification des quantités et espèces, délivreront un certificat de sortie.

Art. 63.

Les préposés de l'octroi tiennent un compte d'entrée et de sortie des marchandises entreposées ; à cet effet, ils peuvent faire, dans les lieux de dépôt déclarés en conformité de l'article 60, toutes les vérifications nécessaires, pour connaître les objets entreposés, constater les quantités restantes, et établir le décompte des droits dus sur celles pour lesquelles il n'est représenté ni quittance, ni certificat de sortie. Ces droits doivent être acquittés immédiatement par les entrepositaires, et, à défaut, il est décerné contre eux des contraintes qui sont exécutoires, nonobstant opposition et sans y préjudicier.

Art. 64.

Tout refus de souffrir les visites, vérifications et exercices des préposés de l'octroi sera constaté par procès-verbal. Les prétextes d'absence seront réputés refus formel. Les préposés, après avoir déclaré procès-verbal, pourront requérir l'assistance d'un officier de police, faire ouvrir en sa présence les caves, celliers ou magasins, et procéder aux vérifications prescrites par les articles précédents.

Art. 65.

La durée de l'entrepôt est illimitée.

Art. 66.

Les admissions à la qualité d'entrepositaire, prononcées par le Maire, aux termes de l'art. 57 du présent Règlement, celles qui seraient prononcées par l'Autorité supérieure, seront enregistrées au bureau de l'intérieur, où il sera délivré à chaque entrepositaire un permis général d'entrepôt, et ouvert à chacun d'eux un ou plusieurs comptes, suivant qu'il aura été déclaré un ou plusieurs lieux de dépôt.

Art. 67.

Les objets déclarés à la destination des entrepositaires ne seront admis à l'entrée que sur le vu des permis d'entrepôt.

Art. 68.

Les charges seront établies au bureau de l'intérieur au moyen de bulletins d'entrepôt délivrés aux portes d'entrée; les décharges auront lieu après les certificats de sortie et les quittances des droits payés sur les objets vendus pour la consommation locale.

Art. 69.

Les cessions d'objets d'un entrepositaire à un autre ne pourront avoir lieu qu'après l'accomplissement de toutes les formalités relatives à l'entrée et à la sortie des entrepôts.

Art. 70.

Les objets sortant des entrepôts et circulant sans quittance, ou sans permis d'exportation, seront saisis, et les contrevenants passibles de l'amende prononcée par l'art. 6 du présent Règlement.

CHAPITRE III.

Contentieux.

Art. 71.

Toutes contraventions aux dispositions du présent Règlement seront constatées par des procès-verbaux, lesquels seront dressés à la requête du Maire, et seront affirmés devant le Juge de paix ou son suppléant dans les vingt-quatre heures de leur date, sous peine de nullité. Ils pourront être rédigés par un seul préposé, et feront foi en justice jusqu'à inscription de faux.

Art. 72.

Ils énonceront la date du jour où ils seront rédigés, la nature de la contravention, et, en cas de saisie, la déclaration qui en aura été faite au prévenu; les noms, qualité et résidence de l'employé verbalisant et de la personne chargée des poursuites ; l'espèce , le poids ou la mesure des objets saisis; leur évaluation approximative; la présence de la partie à leur description , ou la sommation qui lui aura été faite d'y assister ; le nom, la qualité et l'acceptation du gardien , le lieu de la rédaction du procès-verbal et l'heure de la clôture.

Art. 73.

Dans le cas où le motif de la saisie porterait sur le faux ou l'altération des expéditions , le procès-verbal énoncera le genre de faux, les altérations ou surcharges. Lesdites expéditions, signées et paraphées , resteront annexées au procès-verbal , qui contiendra la sommation faite à la partie de les parapher et sa réponse.

Art. 74.

Si le prévenu est présent à la rédaction du procès-verbal, cet acte énoncera qu'il lui en a été donné lecture et copie. En cas d'absence du prévenu, si celui-ci a domicile ou résidence connue dans le lieu de la saisie, le procès-verbal lui sera signifié dans les vingt-quatre heures de la clôture. Dans le cas contraire, le procès-verbal sera affiché, dans le même délai, à la porte de la mairie.

Art. 75.

La saisie et la confiscation s'étendront aux futailles , caisses, enveloppes, paniers et sacs renfermant les objets en fraude ou en contravention.

Art. 76.

Les objets seront déposés au bureau le plus voisin. Ils pourront néanmoins, s'il y a lieu, être mis en fourrière.

Art. 77.

Si la partie saisie ne s'est pas présentée dans les dix jours, à l'effet de payer ou consigner l'amende encourue, ou si elle n'a pas formé dans le même délai opposition à la vente, cette vente sera faite par le Receveur, cinq jours après l'apposition, à la porte de la mairie et autres lieux accoutumés, d'une affiche signée de lui, et sans aucune autre formalité.

ART. 78.

Néanmoins, si la vente des objets saisis est retardée, l'opposition pourra être formée jusqu'au jour indiqué pour ladite vente. L'opposition sera motivée et contiendra assignation à jour fixe devant le Tribunal correctionnel, avec élection de domicile dans le lieu où siége le Tribunal. Le délai de l'assignation ne pourra excéder trois jours.

ART. 79.

Dans le cas où les objets saisis seraient sujets à dépérissement, la vente pourra être autorisée, avant l'échéance des délais ci-dessus fixés, par une simple ordonnance du Juge de paix, sur requête.

ART. 80.

L'action résultant des procès-verbaux en matière d'octroi, et les questions qui pourront naître de la défense du prévenu, seront de la compétence exclusive du Tribunal correctionnel.

ART. 81.

En cas de nullité du procès-verbal, et si la contravention se trouve suffisamment établie par d'autres preuves ou par l'instruction, la confiscation des objets saisis ne sera pas moins encourue.

ART. 82.

Le Maire sera autorisé, sauf l'approbation du Préfet, à faire remise, par voie de transaction, de la totalité ou de partie des condamnations encourues, même après le jugement rendu.

Art. 83.

Toutes les fois que la saisie aura été opérée dans l'intérêt commun des droits d'octroi et des droits imposés au profit du Trésor, le procès-verbal devra être rédigé à la requête du Directeur des Contributions indirectes. A cet employé supérieur appartiendra aussi, dans ce cas, le droit d'intenter les poursuites et de transiger d'après les règles propres à son administration.

Art. 84.

Le produit des amendes et confiscations, pour contraventions au Règlement de l'octroi, déduction faite des frais et prélèvements autorisés, sera attribué, moitié aux employés de l'octroi, pour être répartie d'après le mode qui sera arrêté, et moitié à la commune.

Art. 85.

S'il s'élève une contestation sur l'application du Tarif ou sur la quotité du droit réclamé, le porteur ou conducteur sera tenu de consigner, avant tout, le droit exigé entre les mains du Receveur; faute de quoi il ne pourra passer outre ni introduire l'objet qui aura donné lieu à la contestation, sauf à lui à se pourvoir devant le Juge de paix du canton. Il ne pourra être entendu qu'en représentant la quittance de ladite consignation au Juge paix, lequel prononcera sommairement et sans frais, soit en dernier ressort, lorsque la somme demandée ne s'élèvera pas au-dessus de 50 francs, soit à la charge d'appel pour les autres affaires.

Art. 86.

Les contraintes pour les recouvrements des droits d'octroi seront décernées par le Receveur, visées par le Maire, et rendues exécutoires par le Juge de paix.

Les oppositions auxdites contraintes seront instruites et jugées conformément aux dispositions prescrites par l'article précédent; et la partie opposante sera également tenue de justifier, avant d'être entendue, de la consignation entre les mains du Receveur du montant de la somme contestée.

ART. 87.

Toute personne qui s'opposera à l'exercice des fonctions des préposés de l'octroi sera condamnée à une amende de 50 francs, indépendamment de la confiscation des objets saisis, lorsqu'il y aura lieu, et d'une amende de 100 à 200 francs prononcée pour le cas de fraude.

En cas de voies de fait, il en sera dressé procès-verbal, qui sera envoyé au Procureur du roi pour en poursuivre les auteurs, et leur faire infliger les peines portées par le Code pénal contre ceux qui s'opposent avec violence à l'exercice des fonctions publiques.

ART. 88.

Les propriétaires de tous objets compris dans le Tarif sont responsables du fait de leurs facteurs, agents et domestiques, en ce qui concerne les droits, confiscations, amendes et dépens, lorsque la contravention aura été commise dans les fonctions auxquelles ils auront été employés par leurs maîtres, conformément à l'art. 1384 du Code civil.

Les pères, mères ou tuteurs, seront garants des faits de leurs enfants ou pupilles mineurs non émancipés et demeurant chez eux.

Seront également responsables les propriétaires ou principaux locataires, relativement à la fraude qui se commettrait dans leurs maisons, clos, jardins et autres lieux par eux personnellement occupés, s'ils sont convaincus de l'avoir favorisée ou d'y avoir participé.

CHAPITRE IV.

Personnel.

Art. 89.

Quel que soit le mode de perception, toutes personnes dirigeant l'octroi seront tenues de permettre le concours des employés des Contributions indirectes dans tous les cas où il doit avoir lieu, de leur laisser faire les vérifications et opérations relatives à leur service, et de leur donner communication de tous états, bordereaux et renseignements dont ils auront besoin.

Art. 90.

Les préposés de l'octroi seront tenus, sous peine de destitution, d'exiger de tout conducteur d'objets soumis aux Contributions indirectes la représentation des congés, passavants, acquits-à-caution, lettres de voiture et autres expéditions; de vérifier les chargements; de rapporter procès-verbal des fraudes ou contraventions qu'ils découvriront; de concourir au service des Contributions indirectes toutes les fois qu'ils en seront requis, sans toutefois pouvoir être déplacés de leur service ordinaire; enfin, de remettre chaque jour à l'employé supérieur des Contributions indirectes un relevé des objets soumis aux droits du Trésor qui auront été introduits,

Les employés des Contributions indirectes concourront également à la surveillance du service de l'octroi, et rapporteront procès-verbal pour les fraudes et contraventions relatives aux droits d'octroi qu'ils découvriront.

Art. 91.

Les préposés de l'octroi se serviront, pour constater le volume et le degré des liquides, des instruments dont les employés des Contributions indirectes font usage.

Art. 92.

Les préposés de l'octroi devront toujours être porteurs de leur commission, et seront tenus de la représenter lorsqu'ils en seront requis.

Art. 93.

Le port d'armes est accordé aux Préposés de l'octroi dans l'exercice de leurs fonctions. Ceux qui abuseraient de cette faculté seront destitués, sans préjudice des poursuites judiciaires auxquelles ils auront donné lieu.

Art. 94.

Les préposés de l'octroi ne pourront ni faire le commerce des objets tarifés, ni s'intéresser à ce commerce, soit comme associés, soit comme bailleurs de fonds ou commanditaires.

Tout préposé qui favorisera la fraude, soit en recevant des présents, soit de toute autre manière, sera mis en jugement et condamné aux peines portées par le Code pénal contre les fonctionnaires publics prévaricateurs.

Art. 95.

Les préposés de l'octroi qui seraient signalés comme remplissant mal leurs fonctions, ou comme ayant donné lieu à des plaintes graves, pourront être suspendus par le Préfet ou même révoqués par lui, sur la provocation du Directeur de l'Administration des Contributions indirectes.

Art. 96.

Les préposés de l'octroi sont placés sous la protection de l'autorité publique. Il est défendu de les injurier, maltraiter, et même de les troubler dans l'exercice de leurs fonctions, sous les peines de droit. La force armée est tenue de leur prêter secours et assistance toutes les fois qu'elle en sera requise.

Art. 97.

Tous les registres employés à la perception et au service de l'octroi seront fournis par la Régie des Contributions indirectes; la dépense lui en sera remboursée par la commune; les perceptions ou déclarations y seront inscrites sans interruption ni lacune. Les expéditions qui en seront détachées seront marquées du timbre des Contributions indirectes, dont le prix, fixé par la loi, sera acquitté par les redevables, et le montant versé dans les caisses de cette Administration, aux époques et de la manière qu'elle indiquera.

Art. 98.

Les registres servant à la perception des droits d'entrée sur les vins, cidres, poirés, hydromels, esprits et liqueurs ; aux déclarations de passe-debout, de transit d'entrepôt et de sortie pour les mêmes boissons ; ceux qui sont employés pour recevoir les déclarations de mise de feu de la part des brasseurs et distillateurs ; enfin, les registres-portatifs tenus pour l'exercice de redevables soumis en même temps aux droits d'octroi et à ceux dus au Trésor, seront communs aux deux services.

Art. 99.

Nul changement ne pourra être fait au présent Règlement, non plus qu'au Tarif qui y est annexé, qu'en suivant les formes prescrites par l'article 8 de l'ordonnance du 9 décembre 1814.

Art. 100.

Dans tous les cas non prévus au présent Règlement, on se référera à l'ordonnance du 9 décembre 1814, aux lois des 28 avril 1816, 25 mars 1817 et 24 mai 1834, ainsi qu'aux dispositions non abrogées du décret du 17 mai 1809.

TARIF.

PERCEPTION.

OBJETS ASSUJETTIS AUX DROITS.	MESURES et POIDS.	DROITS à PERCEVOIR	OBSERVATIONS.
Vins en cercles et en bouteilles, piquettes, lies claires.	l'hectolit.	» »	Les vins troubles sont soumis au droit ; la lie claire est celle qui coule au moment où l'on perce la pièce ; la lie masse, celle qui, pressée, peut devenir liquide et couler, paie le tiers du droit imposé sur le vinaigre ordinaire ; la lie sèche, celle qui peut se transporter en sacs, n'est assujettie à aucun droit.
Cidres, poirés, hydromels. .	id.	» »	La vendange paie le même droit que le vin dans la proportion de trois hectolitres de vendange pour deux hectolitres de vin ; la vendange non foulée paie le droit dans la proportion de cent cinquante kilogrammes de raisins pour un hectolitre de vin.
Alcool pur contenu dans les eaux-de-vie et esprits en cercles , eaux-de-vie et esprits en bouteilles , liqueurs et fruits à l'eau-de-vie ; alcool pur contenu dans les eaux-de-vie et esprits dénaturés en cercles , dans les eaux de senteur en cercles , dans les vernis à l'esprit en cercles ; eaux-de-vie et esprits dénaturés ; eaux de senteur et vernis à l'esprit en bouteilles	id.	» »	Les fruits à cidre et à poiré paient le droit dans la proportion de cinq hectolitres de fruits frais pour deux hectolitres de cidre ou poiré, et de vingt-cinq kilogrammes de fruits séchés pour un hectolitre de cidre ou poiré.
Vernis à l'essence ; essence de térébenthine et autres. .	id.	» »	Les marcs de raisin non entièrement secs paient le tiers du droit imposé sur le vinaigre ordinaire.
Vinaigres ordinaires, verjus, fruits au vinaigre	id	» »	Les fruits à l'eau-de-vie et au vinaigre paient le droit sans déduction du fruit.
Acides pyroligneux et autres préparations acéteuses . . .	id.	» »	La bouteille commune et la demi-bouteille sont assimilées au litre et au demi-litre pour la perception.
Bières provenant du dehors .	id.	» »	Les vernis à l'esprit , dont le degré ne ressortira pas à l'alcoomètre et dont le degré apparent sera au-dessous de 40 , seront considérés comme contenant 58 parties d'alcool pur ; ceux dont le degré apparent s'élèvera à 40 et au-dessus pourront être soumis à l'analyse.
Bières fabriquées dans l'intérieur du rayon de l'octroi .	id.	» »	Les eaux de Cologne, de la Reine de Hongrie , de Mélisse et autres, dont la base est l'alcool, sont considérées comme eaux de senteur, et paient le droit comme telles. Les quantités au-dessous d l'hectolitre paieront le droit proportionnel.

CHAPITRES de PERCEPTION.	OBJETS ASSUJETTIS AUX DROITS.	MESURES et POIDS.	DROITS à PERCEVOIR		OBSERVATIONS
			fr.	c.	
COMESTIBLES.	Taureaux, Bœufs, Vaches . .	par tête.	»	»	Les animaux divisé[s]... moitié ou quart paieront... la proportion du droit... tête ; au-dessous , ils ac... teront au poids comme vi... dépecée.
	Veaux, Génisses de lait, Chevreuils.	id.	»	»	
	Moutons , Brebis , Boucs , Chèvres	id.	»	»	
	Agneaux.	id.	»	»	
	Chevreaux.	id.	»	»	
	Porcs , Sangliers . . ·	id.	»	»	
	Cochons de lait	id.	»	»	
	Viande fraîche à la main. . .	kilogram.	»	»	
	Viande salée ou fumée, toute charcuterie, saucissons, saucisses , boudins , jambons , graisse comestible fondue ou non , etc.	id.	»	»	
	Abatis et issues d'animaux. .	id.	»	»	Les abatis et issues [d'ani]maux , imposés au dr[oit de] cinq centimes par kilogra[mme,] se composent des parti[es qui] constituent le commer[ce de] la triperie.
COMBUSTIBLES.	Bois à brûler et autres , d'essence de bois dur.	stère mét.	»	»	Les bois de moule se[...] morceaux , refendus ou[...] les troncs, arbres, divi[sés ou] non , paient comme bo[is de] moule.
	Idem de moule , vieux ou neufs , d'essence de bois blanc	id.	»	·›	
	Racines , souche de bois dur ou blanc.	id.	»	»	Les branches de 25 [cen]timètres de circonfé[rence] moyenne et au-dessus [paient] comme bois de moule[, sui]vant l'essence du bois [à la]quelle elles appartien[nent;] sont compris dans la [...] des branches, les bois c[...] sous la dénomination de[...] liés , percettes , ligues , [...]nillons , jarrons , per[...]piquets , etc.
	Branches de bois dur ou blanc , au-dessous de vingt-cinq centimètres de circonférence moyenne à la base , dépouillées de leur écorce , recoupées ou non , réunies en paquets ou non, avec ou sans ramée.	id.	»	»	
	Les mêmes , en grume . . .	id.	»	»	
	Picarlats , cotterets , échalas ou paisceaux , et tous bois analogues	mèt. cube	»	»	Les fagots composé[s de] branches de 16 centi[mètres] de circonférence moye[nne et] au-dessus, paient suiva[nt leur] circonférence , comme [bran]ches au-dessous de 25 [centi]mètres ou comme bo[is de] moule.
	Fagots composés de ramées et de branches , au dessous de seize centimètres de circonférence moyenne à la base ; fascines , ceps , sarments , et tous autres bois analogues	id.	»	»	En cas de mélange d'[...] analogues , mais tarifé[s diffé]remment , la taxe de [...] le plus imposé sera app[...] aux chargements mélan[gés.]
	Eclats, brins , scions de bois de toute espèce.	id.	»	»	
	Charbons de bois	id.	»	· »	

OBJETS ASSUJETTIS AUX DROITS.	MESURES et POIDS.	DROITS à PERCEVOIR	OBSERVATIONS.
		fr. c.	
Foin , sainfoin.	100 kilog.	» »	
Luzerne et foin de prairies artificielles.	id.	» »	
Paille de toute espèce. . . .	id.	» »	
Avoine	l'hectolit.	» »	
Chaux , ciment de toute es- pèce	mèt. cube	» »	Sont compris dans la classe des bois de construction non façonnés , les bois bruts en grume ou non , tels que pou-tres, solives, mâts, tras , ron-dins , plateaux , planches , feuilles , lattes , etc.
Poussier et cendre de chaux, mortier	id.	» »	Les bois de démolition provenant du dehors sont sou-mis au droit.
Plâtre de toute espèce	100 kilog.	» »	Les feuilles de placage et autres provenant de planches, et tous autres bois débités à la scie ou à la mécanique, paient le droit imposé sur le bois au-dessus de 2 centimè-tres et demi d'épaisseur.
Moellons bruts.	mèt. cube	» »	
Idem piqués.	id.	» »	Les objets composés de bois brut sans autre main d'œuvre que l'assemblage , paient le droit comme bois non fa-çonné.
Pierres de taille et autres : dalles, mollasses, tufs, etc. , bruts.	id.	» »	
Idem taillés ou façonnés. . .	id.	» »	Les vieilles planches et au-tres bois servant à la compo-sition des échafaudages, bou-tiques et baraques mobiles, pourront sortir avec la faculté de rentrer en franchise dans les trois mois qui suivront l'exportation ; la sortie de ces objets sera constatée par l'oc-troi , formalité sans laquelle la rentrée ne sera permise que sous l'acquit du droit.
Marbres , granits , pour con- struction , bruts	id.	» »	
Idem polis ou façonnés . . .	id.	» »	
Briques , tuiles , carreaux de toute espèce	id.	» »	Les mêmes provenant du dehors pourront entrer sous la consignation du droit , qui sera remboursé si la sortie a lieu et est justifiée dans les trois mois qui suivront l'intro-duction.
Carriches de Marseille et au- tres, ardoises de toute espèce.	id.	» »	Les portes , volets , per-siennes, jalousies , fenêtres , ventaux , parquets , cham-branles, corniches, etc., sont compris dans la classe des bois ouvrés ou façonnés.
Bois de construction et tous autres bois non compris au chapitre des combustibles , non façonnés , à quelque usage et sous quelque forme ou dénomination que ce soit, d'essence de bois dur de 2 1/2 centimètres d'épaisseur et au-dessous.	id.	» »	

CHAPITRES de PERCEPTION.	OBJETS ASSUJETTIS AUX DROITS.	MESURES et POIDS.	DROITS à PERCEVOIR	OBSERVATIONS.
Suite des MATÉRIAUX.	Bois de construction et tous autres bois non compris au chapitre des combustibles, non façonnés, à quelque usage et sous quelque forme ou dénomination que ce soit, d'essence de bois dur au-dessus de 2 1/2 centimètres d'épaisseur.	mèt. cube	» »	Les meubles sont affranchis du droit, ainsi que les bois ouvrés qui appartiennent à la boissellerie, à la râclerie, à la tonnellerie ; il en est de même des vieilles caisses ayant servi au transport de marchandises.
	Bois de construction et tous autres non compris au chapitre des combustibles, non façonnés, à quelque usage et sous quelque forme et dénomination que ce soit, d'essence de bois blanc de 2 1/2 centimètres d'épaisseur et au-dessous.	id.	» »	Le droit est dû à la fabrication dans l'intérieur du rayon, sur la chaux, le ciment, le plâtre, les briques, tuiles et carreaux, sous déduction d'un dixième.
	Idem, *idem* au-dessus de 2 1/2 centimètres d'épaisseur	id.	» »	
	Bois durs ou blancs ouvrés ou façonnés	id.	» »	

Projet de Règlement pour un Entrepôt général des liquides.

—

Article premier.

L'Entrepôt général de la ville de   sera affecté aux vins, eaux-de-vie, esprits, liqueurs et autres liquides, sur lesquels les droits ne sont pas acquittés au moment de leur introduction dans le rayon de l'octroi.

Art. 2.

L'Entrepôt général sera administré par l'Octroi sous l'autorité du Maire, et placé sous le régime et la surveillance générale de l'Administration des Contributions indirectes.

La surveillance spéciale de l'Entrepôt général sera confiée à un Conservateur sous l'autorité immédiate du Préposé en chef de l'Octroi.

Art. 3.

Les liquides destinés pour l'Entrepôt général seront déclarés en passe-debout, aux barrières, avec consignation ou cautionnement des droits; il sera remis au conducteur un permis indiquant l'itinéraire qu'il devra suivre, et il ne pourra s'en écarter. Aucun stationnement ne sera permis pendant le trajet, et les droits consignés ou cautionnés à l'entrée seront acquis au Trésor et à la commune, s'il n'est pas justifié dans le délai accordé, sauf les cas d'accident ou de force majeure dûment constatés, de l'arrivée des chargements à l'Entrepôt général.

Art. 4.

Les chargements pourront être escortés par les préposés ; mais l'indemnité d'escorte, réglée par l'article 31 du Règlement de l'Octroi, du 30 novembre 1838, ne sera pas due lorsque les droits auront été consignés ou cautionnés à l'entrée.

Art. 5.

A leur arrivée à l'Entrepôt général, les liquides seront vérifiés, et les expéditions qui devront les accompagner, déchargées s'il y a lieu. Les quantités reconnues seront inscrites sur un registre général d'entrée où sera mentionné, pour ordre, le nom du destinataire.

Les liquides seront ensuite conduits, par les soins du destinataire, aux caves, celliers et emplacements qui leur auront été assignés.

Art. 6.

Les eaux-de-vie, esprits et liqueurs seront entièrement séparés des autres liquides, et, lorsque des eaux-de-vie ou esprits seront transportés d'un magasin à l'autre pour être versés sur des vins, déclaration devra en être faite aux préposés chargés de veiller à ce que les proportions fixées par la loi ne soient pas dépassées.

Art. 7.

La garde et la conservation des liquides, et tous les soins qu'ils peuvent exiger, sont à la charge des entrepositaires.

L'Administration de l'Octroi ne prendra aucune part à la manutention des liquides entreposés, sa mission étant seulement de maintenir le bon ordre, de prendre les précautions nécessaires pour la sûreté de l'établissement et des perceptions, de veiller, dans l'intérêt des consommateurs, à ce que les boissons ne soient pas altérées par des mixtions nuisibles à la santé ; elle ne sera responsable envers les entrepositaires que des altérations ou avaries qui seraient prouvées provenir du fait de ses préposés.

Art. 8.

Dans l'intérêt des tiers, et pour la conservation des loyers et droits de magasinage, l'Administration de l'Octroi pourvoira d'office à l'entretien des boissons abandonnées, et fera procéder à leur vente dans les cas prévus et en remplissant les formalités prescrites par l'article 55 de l'ordonnance du 9 décembre 1814 sur les octrois. Le produit net de la vente, déduction faite des sommes dues, sera versé à la Caisse des dépôts et consignations, et tenu à la disposition du propriétaire.

Art. 9.

Les mutations et transferts qui auront lieu dans l'intérieur de l'Entrepôt général pourront s'effectuer au moyen d'une déclaration faite à l'Administration de l'Octroi et signée, avant les mouvements, par les deux dépositaires ou leurs fondés de pouvoirs.

Art. 10.

Les sorties de l'Entrepôt général auront lieu sur une déclaration écrite, signée de l'entrepositaire ou de ses agents accrédités.

L'Administration de l'Octroi passera écriture, pour ordre, de toutes les sorties sur un registre général.

Art. 11.

Les boissons seront vérifiées à la sortie de l'Entrepôt général ; les droits seront perçus avant l'enlèvement sur toutes les quantités destinées pour..........

Art. 12.

Les expéditions déclarées à la destination de l'extérieur seront soumises aux conditions de passe-debout comme si les chargements traversaient.......... d'une barrière à l'autre, et les règles presorites par les articles 3 et 4 pourront être appliquées aux sorties.

Art. 13.

Les préposés pourront, après le jaugeage ordinaire, contre-vérifier par le dépotage, soit à l'entrée, soit à la sortie, la contenance des vaisseaux ; à cet effet, il sera établi un dépotoir public à l'Entrepôt général.

Art. 14.

Les vérifications qui seront faites au dépotoir public sur la demande soit des expéditeurs, soit des destinataires, donneront lieu à une perception de dix centimes par hectolitre de liquide vérifié ; la main-d'œuvre sera, en outre, à la charge de ceux qui l'auront demandée. En cas de discordance sur la contenance des vaisseaux entre les employés de l'Octroi et les entrepositaires, les frais du dépotage seront à la charge de la partie qui mal à propos l'aura provoqué.

La Régie des Contributions indirectes aura le droit de réclamer le dépotement des futailles, en cas de débat sur leur contenance réelle.

Art. 15.

Les loyers et droits de magasinage dans l'Entrepôt général, seront réglés conformément au Tarif annexé au présent Règlement.

Art. 16.

Sauf les cas d'incendie, de circonstances fortuites exigeant des secours immédiats, les préposés ne pourront pénétrer dans les magasins, celliers et caves de l'Entrepôt général que pendant le jour, pour y exercer leur surveillance.

Art. 17.

Un Règlement d'ordre intérieur déterminera :

1° Les heures d'ouverture et de fermeture de l'Entrepôt général;

2° Toutes les mesures de discipline et autres relatives au service dans cet établissement.

Ce Règlement sera fait par le Maire, et soumis à l'approbation de l'Autorité supérieure.

Art. 18.

Le premier septembre de chaque année, il sera fait par l'Administration de l'Octroi un recensement général de tous les liquides entreposés, sans préjudice des vérifications auxquelles les employés de la Régie des Contributions indirectes sont autorisés de procéder en vertu de l'article 401 de la loi du 28 avril 1816, et de la loi du 23 avril 1836. Les entrepositaires seront tenus de faciliter cette opération.

Art. 19.

En cas d'altération ou de falsification des boissons, les préposés en prononceront la saisie et en rapporteront procès-verbal.

Ils constateront dans la même forme qu'aux barrières les fraudes et contraventions aux lois et règlements, et les mêmes peines seront appliquées.

Art. 20.

L'Administration de l'Octroi pourvoira à toutes les exigences du service de l'Entrepôt général, ainsi qu'à l'extérieur, notamment aux barrières; elle délivrera les quittances relatives à la perception des droits ainsi que les bulletins d'entrepôt, de passe-debout, de transit, de transfert, et autres expéditions relatives aux mouvements dans l'intérieur de l'établissement.

Art. 21.

Les congés, passavants, acquits-à-caution et autres titres accompagnant les chargements, seront délivrés par l'Administration des Contributions indirectes, et devront être représentés aux préposés avant la sortie des liquides de l'Entrepôt général.

La décharge des expéditions à la destination de l'Entrepôt général appartiendra à la même Administration.

DISPOSITIONS TRANSITOIRES.

Art. 22.

A partir de l'ouverture de l'Entrepôt général, dont l'époque sera déterminée par le Préfet sur la proposition du Maire, la faculté de l'entrepôt et du transit à domicile sera supprimée dans le rayon de l'octroi, sauf l'exception ci-après déterminée par les articles 23, 24, 25, 26, 27 et 30.

Art. 23.

Les liquoristes marchands en gros, et les marchands en gros fabricants d'absinthe, conserveront toutefois l'entrepôt à domicile, mais seulement pour les liqueurs et les absinthes de leur fabrication, et pour les eaux-de-vie et les esprits nécessaires à cette fabrication.

Ils ne pourront recevoir aucune quantité de liqueur ou d'absinthe, et les eaux-de-vie et esprits nécessaires à la fabrication devront être extraits en cercles de l'Entrepôt général.

Il leur est interdit d'en recevoir du dehors ou de l'intérieur du rayon de l'octroi.

Art. 24.

Les quantités d'eau-de-vie et d'esprit expédiées de l'Entrepôt général à destination des liquoristes marchands en gros et des fabricants d'absinthe, seront reconnues à la sortie; l'expéditeur devra faire une déclaration et se munir d'un bulletin de passe-debout, le tout conformément aux articles 10, 11, 12, 13 et 14 du présent Règlement.

Le bulletin de passe-debout ne sera libéré que par la prise en charge chez le destinataire, et d'après le bulletin d'entrepôt que ce destinataire devra souscrire.

Art. 25.

Il est défendu aux liquoristes marchands en gros, et aux marchands en gros fabricants d'absinthe, de faire sortir de leur fabrique aucune quantité d'eau-de-vie ou d'esprit.

Les eaux-de-vie et esprits seront maintenus en cercles jusqu'à ce qu'ils soient employés à la fabrication de liqueurs ou absinthes.

Art. 26.

Les liquoristes marchands en gros et les fabricants d'absinthe obtiendront décharge des quantités de liqueurs et d'absinthes qu'ils expédieront à l'Entrepôt général, et qui y seront prises en charge.

Art. 27.

Pour obtenir l'entrepôt à domicile, les liquoristes marchands en gros et les marchands en gros fabricants d'absinthe fourniront à l'Octroi, aussi bien qu'à la Régie des Contributions indirectes, la caution prescrite par l'article 38 de la loi du 21 avril 1832.

Ils n'auront l'entrepôt que dans un seul magasin de fabrique, à moins que, conformément à l'article 38 de la loi du 21 avril 1832, une autorisation spéciale d'entrepôt ne leur soit accordée pour d'autres magasins.

Art. 28.

Les liquides en charge au compte des entrepositaires et transitaires particuliers seront transportés, à leurs frais, dans les magasins de l'Entrepôt général, ou exportés à l'extérieur dans le mois qui suivra l'époque d'ouverture déterminée conformément à l'article 22.

Art. 29.

Ceux de ces liquides qui, dans le délai prescrit par l'article précédent, n'auraient pas été pris en charge à l'Entrepôt général, ou exportés à l'extérieur, seront soumis aux droits.

Art. 30.

Il sera fait exception aux dispositions des articles 28 et 29, pour les eaux-de-vie et esprits en cercles, pour les liqueurs et les quantités d'alcool contenues dans les matières de préparation qui, à l'expiration du délai fixé par l'article 28, resteront aux charges des liquoristes marchands en gros et marchands en gros fabricants d'absinthe, auxquels l'entrepôt à domicile aura été accordé.

Art. 31.

Le recouvrement des droits, constatés en vertu de l'article 29, sera poursuivi par voie de contrainte conformément aux lois.

TARIF

es Loyers et Droits de magasinage dans les caves et celliers particuliers, magasins généraux ou communs, et autres emplacements de l'Entrepôt général des liquides à.....

INDICATION DES LOCAUX.	MODE DE FIXATION du loyer et du droit de magasinage.	PRIX.		OBSERVATIONS.
		fr.	c.	
Celliers de rez-de-chaussée.	par mètre carré de la superficie intérieure et par année. . . .	»	»	L'époque et le mode de payement du prix des loyers seront déterminés par les baux.
Caves voûtées.	id.	,,	»	
Celliers au-dessus des caves voûtées.	id.	»	»»	
Magasins généraux ou communs.	Par mois et par hectolitre pour les eaux-de-vie, esprits, liqueurs.	»	»	Le droit de magasinage est payable d'avance de quinzaine en quinzaine. La quinzaine commencée est réputée complète. Le transit dont la durée n'excédera pas 48 heures ne sera néanmoins soumis qu'au quart du droit. Les perceptions seront enregistrées sur un registre à souche.
	Pour le vin	»	»	
Autres locaux et emplacements dans l'Entrepôt général, pouvant être affectés au dépôt des liquides.	. . . .	. . . .		Les droits de magasinage par quinzaine, ou les loyers par année seront débattus par l'Administration et soumis à l'approbation de l'Autorité supérieure.

Règlement intérieur dudit Entrepôt.

—

ARTICLE PREMIER.

L'Entrepôt général sera ouvert au public depuis le lever jusqu'au coucher du soleil.

L'ouverture et la fermeture seront annoncées, chaque jour, au son de la cloche.

ART. 2.

Avant le lever ou après le coucher du soleil, il ne sera admis aucun chargement de boissons, soit à l'entrée, soit à la sortie de l'Entrepôt général, sans une autorisation spéciale de l'Administration. Cette autorisation ne pourra être accordée que sur des motifs d'urgence, d'accident ou de force majeure dûment constatés.

Des caves et celliers particuliers.

ART. 3.

Les caves et celliers particuliers de l'Entrepôt général seront loués dans l'ordre des demandes inscrites, sur simple soumission contenant les dispositions du bail.

Il sera délivré au locataire, par le Conservateur de l'Entrepôt, une ampliation de cette soumission acceptée par ce dernier au nom de la ville.

Un état des lieux sera dressé contradictoirement avant l'entrée en jouissance du locataire; un double, signé par celui-ci, restera déposé entre les mains du Conservateur.

La soumission et l'état des lieux seront sur papier timbré, aux frais du preneur.

Art. 4.

Les soumissions ne pourront être consenties que pour une année au moins, ou trois années au plus; elles seront renouvelées, s'il y a lieu, trois mois avant leur expiration.

Art. 5.

L'Administration se réserve le droit de résilier les sommissions, si elle le juge convenable, à l'égard des locataires qui s'écarteraient des dispositions, soit du Règlement pour l'Entrepôt, soit du présent arrêté.

Dans ce cas, les locataires seront tenus, sur simple sommation administrative, d'évacuer immédiatement les lieux après le payement des termes dus ou commencés. Elle se réserve la même faculté toutes les fois qu'elle jugera utile de changer la destination ou la distribution des locaux loués; mais, dans ce cas, elle sera tenue de donner congé six mois d'avance.

Art. 6.

Le prix de location fixé par le Tarif annexé au Règlement pour l'Entrepôt sera versé, par semestre, entre les mains du Receveur de cet établissement.

L'époque du payement sera la même pour les locations qui auraient commencé dans le cours d'un semestre.

Art. 7.

Les locataires seront tenus de garnir immédiatement les locaux par eux loués, et de les tenir constamment garnis de marchandises en quantité suffisante pour répondre des loyers.

A défaut de cette garantie, l'Administration aura la faculté ou d'exiger le paiement du loyer d'avance, ou de disposer des locaux en faisant déposer les boissons aux frais des locataires dans les magasins généraux ou communs.

Art. 8.

Les locataires ne pourront sous-louer les caves et celliers particuliers; mais l'Administration pourra, sur leur demande, recevoir la soumission des nouveaux locataires présentés pour leur succéder, ou disposer des locaux dans l'ordre des demandes inscrites.

Dans l'un ou l'autre cas, les nouveaux locataires n'entreront en jouissance qu'après avoir reconnu l'état des lieux; les soumissions primitives seront résiliées de plein droit.

Art. 9.

Les locataires ne seront point tenus de faire les réparations résultant de l'usage des lieux; mais les réparations occasionnées par les dégradations provenant de leur fait, seront à leur charge. Elles pourront être exigées immédiatement par le Conservateur qui, en cas de refus, pourra les faire exécuter d'office à leurs frais, risques et périls.

Ces réparations seront toujours surveillées par l'architecte de la ville.

Art. 10.

Les caves et celliers particuliers étant destinés exclusivement au dépôt des boissons, ne pourront être loués pour l'emmagasinement des futailles vides, et les locataires n'y pourront déposer que celles nécessaires à leurs opérations.

Des magasins généraux ou communs.

Art. 11.

Le droit de magasinage dans les magasins généraux ou communs, sera payé par quinzaine et d'avance, entre les mains du Receveur, conformément au Tarif annexé au Règlement pour l'Entrepôt général.

Art. 12.

Le Conservateur de l'Entrepôt général désignera les emplacements où les entrepositaires devront placer leurs boissons.

Il veillera à ce que ces emplacements soient, autant que possible, contigus et proportionnés à l'étendue du commerce de chaque entrepositaire.

Art. 13.

Les pièces seront numérotées et porteront la marque de l'entrepositaire; elles seront gerbées :

Celles de 4 hectolitres et au-dessus, en deux rangs;

Celles de 240 litres à 4 hectolitres, en trois rangs;

Celles au-dessous de 240 litres, en quatre rangs.

Les entrepositaires seront tenus de maintenir constamment cet ordre dans le placement de leurs boissons.

Art. 14.

Les pièces vides nécessaires aux opérations des entrepositaires seront placées sur les pièces pleines en charge à leur compte.

Art. 15.

Les lies sèches provenant des soutirages devront être enlevées des magasins généraux ou communs sur simple sommation administrative.

La quantité en sera constatée par les préposés de la

17

perception en présence du propriétaire ou de son représentant, et décharge en sera faite au compte d'entrepôt.

Art. 16.

Le soin de la conservation des boissons entreposées et les frais de manutention de toute nature, sont à la charge des entrepositaires.

Art. 17.

A défaut par les entrepositaires ou leurs représentants de veiller à la conservation des boissons entreposées, le Conservateur pourra, avec l'autorisation de l'Administration, y pourvoir.

Les frais d'entretien, de manutention et de conservation, seront remboursés à l'Administration par les entrepositaires, ou prélévés sur le prix de la vente des boissons dans le cas prévu par l'article 8 du Règlement pour l'Entrepôt.

Art. 18.

Les boissons refusées par les destinataires avant ou après l'acquittement des droits, pourront être déposées dans les magasins généraux ou communs de l'Entrepôt général.

Les rouliers, conducteurs et voituriers qui justifieront du défaut d'acceptation, pourront obtenir, avec l'autorisation de l'Administration, le payement des frais de transport et des déboursés dûment justifiés.

Art. 19.

Les entrepositaires, leurs représentants, ouvriers et toutes autres personnes ne pourront pénétrer dans les magasins généraux ou communs, qu'en présence des agents de l'Entrepôt; à cet effet, les clefs resteront toujours entre les mains du Conservateur.

Art. 20.

Le Conservateur maintiendra le bon ordre dans l'Entrepôt, et prendra toutes les mesures nécessaires pour que les passages, rues, cours et terrains non réservés au stationnement des boissons, soient entièrement libres et débarrassés de fûts vides ou pleins, et de tous les objets qui pourraient gêner la circulation et nuire à la surveillance des agents de la perception.

Il veillera à la conservation des bâtiments et du matériel de l'Entrepôt, prendra toutes les précautions pour prévenir les incendies et assurer la sûreté de l'établissement.

Art. 21.

Les entrepositaires pourront confier la manutention de leurs marchandises et l'exécution de leurs travaux à telles personnes qu'ils jugeront convenables; mais l'Administration pourra, après les avoir prévenus, interdire l'entrée de l'Entrepôt à ceux des ouvriers qui, par leur inconduite, troubleraient l'ordre ou refuseraient de se soumettre aux règles établies.

La même mesure sera appliquée aux individus repris de fraude ou convaincus d'infidélité.

Art. 22.

Les tonneliers, dérouleurs, chargeurs, déchargeurs et autres ouvriers employés par les entrepositaires, seront tenus de se faire inscrire au bureau du Conservateur, et ne pourront pénétrer dans les magasins, caves et celliers hors la présence des propriétaires, qu'autant qu'ils seront munis d'une autorisation spéciale de ceux-ci.

Les uns et les autres ne pourront séjourner dans l'Entrepôt qu'aux heures d'ouverture, à moins que des travaux urgents n'exigent qu'ils y restent plus longtemps.

Dans ce cas, ils seront tenus d'en justifier au Conservateur qui accordera l'autorisation nécessaire, s'il y a lieu.

Art. 23.

Les entrepositaires ne pourront faire, dans l'intérieur des magasins, aucune construction, ni aucun travail tendant à changer la disposition des lieux, sans l'autorisation de l'Administration. Cette autorisation ne sera accordée, s'il y a lieu, que d'après l'avis de l'architecte de la ville, et sous la condition de rétablir les lieux dans leur état primitif, à l'expiration de la jouissance.

Art. 24.

Toute construction particulière dans l'enceinte de l'Entrepôt est formellement interdite, ainsi que toute plantation d'arbres ou de plantes grimpantes, soit au pied des murs, soit partout ailleurs.

Art. 25.

Il ne pourra être placardé des affiches dans l'Entrepôt qu'avec l'autorisation de l'Administration, et dans les endroits qu'elle aura indiqués.

Cette autorisation ne sera accordée que pour les affiches des actes de l'autorité et celles relatives au commerce.

Art. 26.

Les entrepositaires ne pourront avoir du feu dans l'intérieur des caves, celliers et magasins.

Les lumières devront être placées dans des cylindres de verre, pour prévenir tout accident du feu.

Art. 27.

Les voituriers, brouetteurs et autres qui se rendront à l'Entrepôt pour y charger ou décharger des boissons, seront tenus de ranger leurs voitures et autres moyens de transport, à la file, dans l'emplacement qui sera désigné par le Conservateur.

Art. 28.

Défense est faite à toute personne admise dans l'Entrepôt d'écrire, tracer ou crayonner sur les murs et portes intérieurs ou extérieurs, soit en lettres, soit en figures, portraits ou images quelconques.

Il est défendu également de fumer dans les magasins, caves et celliers.

Art. 29.

Aucune enseigne ne pourra être clouée contre les bâtiments de l'Entrepôt.

Les entrepositaires pourront seulement faire inscrire leur nom, d'après un modèle uniforme indiqué par l'architecte de la ville, au-dessus des portes de leurs celliers.

Art. 30.

Tous les cas non prévus au présent arrêté rentreront dans le droit commun.

Ordonnance du Roi, portant règlement sur les octrois.

—

Du 9 décembre 1814.

LOUIS, par la grâce de Dieu , Roi de France et de Navarre :

Vu les lois et règlements généraux maintenus par la loi du 8 décembre 1814 , pour l'administration et la perception des octrois; voulant en assurer l'exécution pleine, entière et uniforme, et prévenir toute interprétation fausse ou abusive sur aucune de leurs dispositions, nous avons jugé indispensable de présenter, dans une seule et même ordonnance , toutes les mesures générales d'exécution qui dérivent des lois et règlements ci-dessus rappelés ;

Sur le rapport de notre Ministre Secrétaire d'Etat des finances ,

Nous avons ordonné et ordonnons ce qui suit :

TITRE PREMIER.

Dispositions transitoires.

Article premier.

En exécution de l'art. 121 de la loi du 8 décembre 1814, le service des octrois sera remis aux Maires, le 1er janvier 1815, par la Régie des Impositions indirectes. Cette remise et celle des maisons, ustensiles, effets de bureau et autres, servant à la perception des octrois, seront constatées par un procès-verbal rédigé en quadruple expédition, lequel sera signé par le Maire et le

Préposé en chef de la Régie dans chaque résidence, ou par des Commissaires délégués à cet effet, de part et d'autre, dans les villes où cela sera jugé nécessaire. Un des procès-verbaux sera déposé à la Mairie, un autre sera remis au Directeur des Impositions indirectes dans le département, le troisième sera adressé au Préfet, et le quatrième à la Régie des Impositions indirectes.

ART. 2.

Dans les communes où le Maire voudra traiter de gré à gré avec cette Régie pour la perception de l'octroi, conformément à l'article 122 de la loi précitée, la remise du service n'aura pas lieu, moyennant que le Maire souscrive une déclaration formelle de cette intention, et que dans le mois de janvier, pour tout délai, il adresse sa demande au Préfet, ainsi qu'il sera statué par l'article 94 : jusqu'à ce que ce traité ait été conclu, les frais d'administration et de perception seront payés à la Régie au prorata de ce qu'ils auront été en 1814.

ART. 3.

La Régie des Impositions indirectes fera rendre aux communes, par ses Receveurs, dans le premier trimestre de 1815, le compte des perceptions de 1814, et verser immédiatement les sommes dont ils seront reliquataires. En cas d'avance de la part de la Régie ou de ses préposés, pour quelque cause que ce soit, elle exercera son recours contre le Receveur de la commune, par toutes les voies de droit, même par forme de contrainte.

ART. 4.

Les registres, bordereaux et autres pièces relatives à l'administration ou à la perception des octrois, resteront déposés chez les Contrôleurs principaux des Impositions indirectes. Les Maires ou leurs délégués pourront en prendre communication toutes les fois qu'ils le jugeront convenable, mais sans déplacement.

TITRE II.

De l'établissement des octrois.

ART. 5.

Les octrois sont établis pour subvenir aux dépenses qui sont à la charge des communes; ils doivent être délibérés d'office par les Conseils municipaux. Cette délibération peut aussi être provoquée par le Préfet, lorsqu'à l'examen du budget d'une commune il reconnaît l'insuffisance de ses revenus ordinaires, soit pour couvrir les dépenses annuelles, soit pour acquitter les dettes arriérées, ou pourvoir aux besoins extraordinaires de la commune.

ART. 6.

Les délibérations portant établissement d'un octroi sont adressées par le Maire au Sous-Préfet, et renvoyées par celui-ci, avec ses observations, au Préfet, qui les transmet également, avec son avis, à notre Ministre de l'intérieur, lequel permet, s'il y a lieu, l'établissement de l'octroi demandé, et autorise le Conseil municipal à délibérer les Tarifs et Règlements.

ART. 7.

Les projets de Règlements et de Tarifs délibérés par les Conseils municipaux, en vertu de l'autorisation de notre Ministre de l'intérieur, parviennent de même aux Préfets, avec l'avis des Maires et des Sous-Préfets. Les Préfets les transmettent à notre Directeur général des Impositions indirectes, pour être soumis à notre Ministre des finances, sur le rapport duquel nous accordons notre approbation, s'il y a lieu.

Art. 8.

Les changements proposés par les Maires ou les Conseils municipaux aux Tarifs ou Règlements en vigueur, et ceux jugés nécessaires par l'Autorité supérieure, ne peuvent être exécutés qu'ils n'aient été délibérés et approuvés de la manière prescrite par les articles précédents.

Art. 9.

Si les Conseils municipaux refusent ou négligent de délibérer sur l'établissement d'un octroi reconnu nécessaire, ou sur les changements à apporter aux Tarifs et Règlements, il nous en sera rendu compte, dans le premier cas, par notre Ministre de l'intérieur, et, dans le deuxième, par notre Ministre des finances, sur les rapports desquels nous statuerons ce qu'il appartiendra.

Art. 10.

Les frais de premier établissement de régie et de perception des octrois des villes sujettes au droit d'entrée, seront proposés par le Conseil municipal, et soumis, par la Régie des impositions indirectes, à l'approbation de notre Ministre des finances; dans les autres communes, ces frais seront réglés par les Préfets. Dans aucun cas, et sous aucun prétexte, les Maires ne pourront excéder les frais alloués, sous peine d'en répondre personnellement.

TITRE III.

Des matières qui peuvent être soumises au droit d'octroi.

Art. 11.

Aucun Tarif d'octroi ne pourra porter que sur des objets destinés à la consommation des habitants du lieu sujet. Ces objets seront toujours compris dans les cinq divisons suivantes.

SAVOIR : 1° Boissons et liquides ;
2° Comestibles ;
3° Combustibles ;
4° Fourrages ;
5° Matériaux.

ART. 12.

Sont compris dans la première division, les vins, vinaigres, cidres, poirés, bières, hydromels, eaux-de-vie, esprits, liqueurs et eaux spiritueuses.

Les droits d'octroi sur les vins, cidres, poirés, eaux-de-vie et liqueurs, ne pourront excéder ceux perçus aux entrées des villes sur les mêmes boissons pour le compte du Trésor public (Paris excepté).

Les vendanges ou fruits à cidre ou à poiré seront assujettis aux droits, à raison de trois hectolitres de vendange pour deux hectolitres de vin, et de cinq hectolitres de pommes ou de poires pour deux hectolitres de cidre ou de poiré.

ART. 13.

Les eaux-de-vie et esprits doivent être divisés, pour la perception, d'après les degrés, conformément au Tarif des droits d'entrée.

Les eaux dites de Cologne, de la Reine d'Hongrie, de mélisse et autres dont la base est l'alcool, doivent être tarifées comme les liqueurs.

ART. 14.

Dans les pays où la bière est la boisson habituelle et générale, celle importée, quelle que soit sa qualité, ne pourra être, au plus, taxée qu'au quart en sus du droit sur la bière fabriquée dans l'intérieur.

ART. 15.

Les huiles peuvent aussi, suivant les localités, être imposées : la taxe en est déterminée suivant leur qualité ou leur emploi.

Art. 16.

Sont compris dans la deuxième division les objets servant habituellement à la nourriture des hommes, à l'exception toutefois des grains et farines, fruits, beurre, lait, légumes et autres menues denrées.

Art. 17.

Ne sont point compris dans ces exceptions les fruits secs et confits, les pâtes, les oranges, les limons et citrons, lorsque ces objets sont introduits dans les villes en caisses, tonneaux, barils, paniers ou sacs, ni le beurre et les fromages venant de l'étranger.

Art. 18.

Les bêtes vivantes doivent être taxées par tête. Les bestiaux abattus au dehors et introduits par quartier payeront au prorata de la taxe par tête. A l'égard des viandes dépecées, fraîches ou salées, elles sont imposées au poids.

Art. 19.

Les coquillages, le poisson de mer frais, sec ou salé de toute espèce, et celui d'eau douce, peuvent être assujettis aux droits d'octroi, suivant les usages locaux, soit à raison de leur valeur vénale, soit à raison du nombre ou du poids, soit par paniers, barils ou tonneaux.

Art. 20.

Sont compris dans la troisième division : 1° toute espèce de bois à brûler, les charbons de bois et de terre, la houille, la tourbe, et généralement toutes les matières propres au chauffage; 2° les suifs, cires et huiles à brûler.

Art. 21.

La quatrième division comprend les pailles, foins et tous les fourrages verts ou secs, de quelque nature, espèce ou qualité qu'ils soient. Le droit doit être réglé par botte ou au poids.

Art. 22.

Sont compris dans la cinquième division les bois, soit en grume, soit équarris, façonnés ou non, propres aux charpentes, constructions, menuiserie, ébénisterie, tour, tonnellerie, vannerie et charronnage.

Y sont également compris les pierres de taille, moellons, pavés, ardoises, tuiles de toute espèce, briques, craies et plâtre.

Art. 23.

Pour toutes les matières désignées au présent titre, les droits doivent être imposés par hectolitre, kilogramme, mètre cube ou carré, ou stère, ou par fractions de ces mesures. Cependant, lorsque les localités ou la nature des objets l'exigent, le droit peut être fixé au cent, ou au millier, ou par voiture, charge ou bateau.

Art. 24.

Les objets récoltés, préparés ou fabriqués dans l'intérieur d'un lieu soumis à l'octroi, ainsi que les bestiaux qui y sont abattus, seront toujours assujettis par le Tarif au même droit que ceux introduits de l'extérieur.

TITRE IV.

De la perception.

Art. 25.

Les Règlements d'octroi doivent déterminer les limites de la perception, les bureaux où elle doit être opérée, et les obligations et formalités particulières à remplir par les redevables ou les employés en raison des localités, sans toutefois que ces règles particulières puissent déroger aux dispositions de la présente ordonnance.

Art. 26.

Les droits d'octroi seront toujours perçus dans les faubourgs des lieux sujets ; mais les dépendances rurales entièrement détachées du lieu principal en seront affranchies. Les limites du territoire auquel la perception s'étendra, seront indiquées par des poteaux sur lesquels seront inscrits ces mots : *Octroi de. . . . .*

Art. 27.

Il ne pourra être introduit d'objets assujettis à l'octroi, que par les barrières ou bureaux désignés à cet effet. Les Tarifs et Règlements seront affichés dans l'intérieur et à l'extérieur de chaque bureau, lequel sera indiqué par un tableau portant ces mots : *Bureau de l'octroi.*

Art. 28.

Tout porteur ou conducteur d'objets assujettis à l'octroi sera tenu, avant de les introduire, d'en faire la déclaration au bureau, d'exhiber aux préposés de l'octroi les lettres de voiture, connaissements, chartes-parties, acquits-à-caution, congés, passavants et toutes autres expéditions délivrées par la Régie des Impositions indirectes, et d'acquitter les droits, sous peine d'une amende égale à la valeur de l'objet soumis au droit. A cet effet, les préposés pourront, après interpellation, faire sur les bateaux, voitures et autres moyens de transport, toutes les visites, recherches et perquisitions nécessaires, soit pour s'assurer qu'il n'y existe rien qui soit sujet aux droits, soit pour reconnaître l'exactitude des déclarations.

Les conducteurs seront tenus de faciliter toutes les opérations nécessaires auxdites vérifications.

La déclaration relative aux objets arrivant par eau contiendra la désignation du lieu de déchargement, lequel ne pourra s'effectuer que les droits n'aient été acquittés, ou au moins valablement soumissionnés.

Art. 29.

Tout objet sujet à l'octroi, qui, nonobstant l'interpellation faite par les préposés, serait introduit sans avoir été déclaré, ou sur une déclaration fausse ou inexacte, sera saisi.

Art. 30.

Les personnes voyageant à pied, à cheval ou en voiture particulière suspendue, ne pourront être arrêtées, questionnées ou visitées sur leurs personnes ou en raison de leurs malles ou effets. Tout acte contraire à la présente disposition sera réputé acte de violence, et les préposés qui s'en rendront coupables seront poursuivis correctionnellement, et punis des peines prononcées par les lois.

Art. 31.

Tout individu soupçonné de faire la fraude à la faveur de l'exception ordonnée par l'article précédent, pourra être conduit devant un officier de police, ou devant le Maire, pour y être interrogé, et la visite de ses effets autorisée, s'il y a lieu.

Art. 32.

Les diligences, fourgons, fiacres, cabriolets et autres voitures de louage, sont soumis aux visites des préposés de l'octroi.

Art. 33.

Les courriers ne pourront être arrêtés à leur passage, sous prétexte de la perception ; mais ils seront obligés d'acquitter les droits sur les objets soumis à l'octroi qu'ils introduiront dans un lieu sujet. A cet effet, des préposés de l'octroi seront autorisés à assister au déchargement des malles.

Tout courrier, tout employé des postes, ou de toute

autre administration publique, qui serait convaincu
d'avoir fait ou favorisé la fraude, outre les peines résultant de la contravention, sera destitué par l'autorité
compétente.

ART. 34.

Dans les communes où la perception ne pourra être
opérée à l'entrée, il sera établi au centre, suivant les
localités, un ou plusieurs bureaux. Dans ce cas, les
conducteurs ne pourront décharger les voitures ni introduire au domicile des destinataires les objets soumis
à l'octroi, avant d'avoir acquitté les droits auxdits bureaux.

ART. 35.

Il est défendu aux employés, sous peine de destitution et de tous dommages-intérêts, de faire usage de
la sonde dans la visite des caisses, malles et ballots
annoncés contenir des effets susceptibles d'être endommagés : dans ce cas, comme dans tous ceux où le contenu des caisses ou ballots sera inconnu ou ne pourrait
être vérifié immédiatement, la vérification en sera faite,
soit à domicile, soit dans les emplacements à ce destinés.

ART. 36.

Toute personne qui récolte, prépare ou fabrique dans
l'intérieur d'un lieu sujet, des objets compris au Tarif,
est tenue, sous peine de l'amende prononcée par l'article 28, d'en faire la déclaration, et d'acquitter immédiatement le droit, si elle ne réclame la faculté de
l'entrepôt.

Les préposés de l'octroi peuvent reconnaître à domicile les quantités récoltées, préparées ou fabriquées,
et faire toutes les vérifications nécessaires pour prévenir la fraude. A défaut de payement du droit, il est dé-

cerné, contre les redevables, des contraintes, qui sont exécutoires nonobstant opposition et sans y préjudicier.

TITRE V.

Du passe-debout et du transit.

ART. 37.

Le conducteur d'objets soumis à l'octroi, qui voudra traverser seulement un lieu sujet ou y séjourner moins de vingt-quatre heures, sera tenu d'en faire la déclaration au bureau d'entrée, conformément à ce qui est prescrit par l'article 28, et de se munir d'un permis de passe-debout, qui sera délivré sur le cautionnement ou la consignation des droits. La restitution des sommes consignées, ainsi que la libération de la caution, s'opéreront au bureau de la sortie.

Lorsqu'il sera possible de faire escorter les chargements, le conducteur sera dispensé de consigner ou de faire cautionner les droits.

ART. 38.

En cas de séjour au-delà de vingt-quatre heures, dans un lieu sujet à l'octroi, d'objets introduits sur une déclaration de passe-debout, le conducteur sera tenu de faire, dans ce délai et avant le déchargement, une déclaration de *transit*, avec indication du lieu où lesdits objets seront déposés, lesquels devront être représentés aux employés à toute réquisition. La consignation ou le cautionnement du droit subsisteront pendant toute la durée du séjour.

ART. 39.

Les Règlements locaux d'octroi pourront désigner des lieux où les conducteurs d'objets en passe-debout ou en *transit* seront tenus de les déposer pendant la durée du séjour, ainsi que des ports ou quais où les navires, bateaux, coches, barques et diligences devront stationner.

Art. 40.

Les voitures et transports militaires chargés d'objets assujettis aux droits, sont soumis aux règles prescrites par les articles précédents, relativement au *transit* et au passe-debout.

TITRE VI.

De l'entrepôt.

Art. 41.

L'entrepôt est la faculté donnée à un propriétaire ou à un commerçant de recevoir et d'emmagasiner dans un lieu sujet à l'octroi, sans acquittement du droit, des marchandises qui y sont assujetties et auxquelles il réserve une destination extérieure.

L'entrepôt peut être réel ou fictif, c'est-à-dire à domicile : il est toujours illimité. Les Règlements locaux doivent déterminer les objets pour lesquels l'entrepôt est accordé, ainsi que les quantités au-dessous desquelles on ne peut l'obtenir.

Art. 42.

Toute personne qui fait conduire, dans un lieu sujet à l'octroi, des marchandises comprises au Tarif, pour y être entreposées, soit réellement, soit fictivement, est tenue, sous peine de l'amende prononcée par l'art. 28, d'en faire la déclaration préalable au bureau de l'octroi, de s'engager à acquitter le droit sur les quantités qu'elle ne justifierait pas avoir fait sortir de la commune, de se munir d'un bulletin d'entrepôt, et, en outre, si l'entrepôt est fictif, de désigner les magasins,

18

chantiers, caves, celliers ou autres emplacements où elle veut déposer lesdites marchandises.

Art. 43.

L'entrepositaire est tenu de faire une déclaration, au bureau de l'octroi, des objets entreposés qu'il veut expédier au dehors, et de les représenter aux préposés des portes ou barrières, lesquels, après vérification des quantités et espèces, délivrent un certificat de sortie.

Art. 44.

Les préposés de l'octroi tiennent un compte d'entrée et de sortie des marchandises entreposées : à cet effet, ils peuvent faire à domicile, dans les magasins, chantiers, caves, celliers des entrepositaires, toutes les vérifications nécessaires pour reconnaître les objets entreposés, constater les quantités restantes, et établir le décompte des droits dus sur celles pour lesquelles il n'est pas représenté de certificat de sortie. Ces droits doivent être acquittés immédiatement par les entrepositaires ; et, à défaut, il est décerné contre eux des contraintes, qui sont exécutoires nonobstant opposition et sans y préjudicier.

Art. 45.

Lors du règlement de compte des entrepositaires, il leur est accordé une déduction sur les marchandises entreposées dont le poids ou la quantité est susceptible de diminuer. Cette déduction, pour les boissons, est la même que celle fixée par l'article 90 de la loi du 8 décembre 1814, relativement aux droits d'entrée. La quotité doit en être déterminée, pour les autres objets, par les Règlements locaux.

Art. 46.

Dans les communes où la perception des droits sur

les vendanges, pommes ou poires , ne peut être opérée
au moment de l'introduction, l'Administration de l'Octroi accordera l'entrepôt à tous les récoltants , et sera
autorisée à faire faire un recensement général pour
constater les quantités de vin , de cidre ou de poiré
fabriquées. Les préposés de l'octroi se borneront, dans
ce cas, à faire chaque année deux vérifications à domicile chez les propriétaires qui n'entreposent que les
seuls produits de leur crû , l'une avant, l'autre après la
récolte.

Art. 47.

Dans le cas d'entrepôt réel , les marchandises pour
lesquelles il est réclamé sont placées dans un magasin
public , sous la garde d'un Conservateur et sous la garantie de l'Administration de l'Octroi, laquelle est responsable des altérations ou avaries qui proviennent du
fait de ses préposés.

Art. 48.

Les objets reçus dans un entrepôt réel sont, après
vérification , marqués ou rouannés, et inscrits par le
Conservateur sur un registre à souche , et avec indication de l'espèce, la quantité et la qualité de l'objet en-
treposé, des marques et numéros des futailles ou colis,
et des noms et demeure du propriétaire ; un récépissé
détaché de la souche, contenant les mêmes indications, et signé par le Conservateur, est remis à l'entrepositaire.

Art. 49.

Pour retirer de l'entrepôt les marchandises qui y ont
été admises, l'entrepositaire est tenu de représenter le
récépissé d'admission, de déclarer les objets qu'il veut
enlever, et de signer sa déclaration pour opérer la décharge du Conservateur ; il est tenu, en outre, d'ac-

quitter les droits pour les objets qu'il fait entrer dans la consommation de la commune, de se munir d'une expédition pour ceux destinés à l'extérieur, et de rapporter au dos un certificat de sortie, délivré par les préposés aux portes.

Art. 50.

Les cessions de marchandises pourront avoir lieu dans l'entrepôt, moyennant une déclaration de la part du vendeur et la remise du récépissé d'admission. Il en sera délivré un autre à l'acheteur, dans la forme prescrite par l'article 48.

Art. 51.

L'entrepôt réel sera ouvert en tout temps aux entrepositaires, tant pour y soigner leurs marchandises que pour y conduire les acheteurs.

Art. 52.

Les rouliers ou conducteurs qui déposeront à l'entrepôt réel des marchandises refusées par les destinataires, pourront obtenir de l'Administration de l'Octroi le payement des frais de transport et des déboursés dûment justifiés.

Art. 53.

A défaut, par le propriétaire d'objets entreposés, de veiller à leur conservation, le Conservateur se fera autoriser par le Maire à y pourvoir. Les frais d'entretien et de conservation seront remboursés à l'Administration de l'Octroi sur les mémoires et états réglés par le Maire.

Art. 54.

Les propriétaires d'objets entreposés sont tenus d'acquitter, tous les mois, les frais de magasinage, lesquels doivent être déterminés par le Règlement général de l'Octroi, ou par un Règlement particulier, approuvé de notre Ministre des finances.

Art. 55.

Si, par suite de dépérissement d'objets entreposés ou par toute autre cause, leur valeur, au dire d'experts appelés d'office par l'Administration de l'Octroi, n'excède pas moitié en sus des sommes qui peuvent être dues pour frais d'entretien, frais de transport ou magasinage, il sera fait sommation au propriétaire, ou à son représentant, de retirer lesdits objets ; et, à défaut, ils seront vendus publiquement par ministère d'huissier. Le produit net de la vente, déduction des sommes dues, avec intérêt à raison de 5 p. % par an, sera déposé dans la caisse municipale et tenu à la disposition du propriétaire.

TITRE VII.

Du personnel.

Art. 56.

Conformément à l'article 4 de la loi du 27 frimaire an VIII, la nomination des préposés d'octroi sera faite de la manière suivante :

Notre Directeur général des Impositions indirectes est autorisé à établir et à commissionner, lorsqu'il le jugera nécessaire, un Préposé en chef auprès de chaque octroi.

Notre Ministre des finances est également autorisé à nommer et à commissionner, sur la proposition du Directeur général des Impositions indirectes, un Directeur et deux Régisseurs pour l'octroi et l'entrepôt de Paris.

Les autres préposés d'octroi sont nommés par les Préfets, sur une liste triple présentée par le Maire.

Art. 57.

Les Préfets sont tenus de révoquer immédiatement, sur la demande de notre Directeur général des Impositions indirectes, tout préposé d'octroi signalé comme prévaricateur dans l'exercice de ses fonctions, ou comme ne les remplissant pas convenablement.

Art. 58.

Les préposés de l'octroi doivent être âgés au moins de vingt-un ans accomplis. Ils sont tenus de prêter serment devant le Tribunal civil de la ville dans laquelle ils exerceront, et dans les lieux où il n'y a pas de tribunal, devant le Juge de paix. Ce serment est enregistré au greffe, sans qu'il soit nécessaire d'employer le ministère d'avoué.

Il est dû seulement un droit fixe d'enregistrement de trois francs.

Art. 59.

Le cas de changement de résidence d'un préposé arrivant, il n'y a pas lieu à une nouvelle prestation de serment; il lui suffit de faire viser sa commission, sans frais, par le Juge de paix ou le Président du Tribunal civil du lieu où il doit exercer.

Art. 60.

Les préposés d'octroi doivent toujours être porteurs de leur commission, et sont tenus de la représenter lorsqu'ils en seront requis.

Le port d'armes est accordé aux préposés d'octroi, dans l'exercice de leurs fonctions, comme aux employés des Impositions indirectes.

Art. 61.

Les créanciers des préposés d'octroi ne pourront saisir, sur les appointements et remises de ces derniers, que les sommes fixes déterminées par la loi du 21 ventôse an IX.

Art. 62.

Tous les préposés comptables des octrois sont tenus de fournir un cautionnement en numéraire ou en cinq pour cent consolidés, dont la quotité est déterminée par le Règlement, et qui ne peut être au-dessous de mille francs. Lorsque ces préposés font en même temps des perceptions pour le compte du Trésor public, leur cautionnement est fixé par notre Ministre des finances. Ces cautionnements sont versés à la caisse d'amortissement, qui en paye l'intérêt au taux fixé pour les employés des Impositions indirectes.

Art. 63.

Il est défendu à tous les préposés d'octroi, indistinctement, de faire le commerce des objets compris au Tarif.

Tout préposé qui favorisera la fraude, soit en recevant des présents, soit de toute autre manière, sera mis en jugement, et condamné aux peines portées par le Code pénal contre les fonctionnaires publics prévaricateurs.

Art. 64.

Tout préposé destitué ou démissionnaire sera tenu, sous peine d'y être contraint par corps, de remettre immédiatement sa commission, ainsi que les registres et autres effets dont il aura été chargé, et, s'il est receveur, de rendre ses comptes.

Art. 65.

Les préposés de l'octroi sont placés sous la protection de l'autorité publique. Il est défendu de les injurier, maltraiter et même de les troubler dans l'exercice de leurs fonctions, sous les peines de droit. La force armée est tenue de leur prêter secours et assistance toutes les fois qu'elle en est requise.

TITRE VIII.

Des écritures et de la comptabilité de l'Octroi.

ART. 66.

Tous les registres employés à la perception ou au service de l'octroi, seront à souche. Les perceptions ou déclarations y seront inscrites sans interruption ni lacune. Les quittances ou expéditions qui en seront détachées continueront à n'être marquées que du timbre de la Régie des Impositions indirectes , dont le prix, fixé par la loi à cinq centimes , sera acquitté par les redevables, et son produit versé dans les caisses de la Régie.

ART. 67.

Les recettes de l'octroi seront versées à la caisse municipale tous les cinq jours au moins, et plus souvent même dans les villes où les perceptions seront importantes.

ART 68.

La Régie des Impositions indirectes déterminera le mode de comptabilité des octrois, ainsi que la forme et le modèle des registres, expéditions, bordereaux , comptes et autres écritures relatives au service des octrois : elle fera faire la fourniture de toutes les impressions nécessaires, sur la demande des Maires.

ART. 69.

Tous les registres servant à la perception des droits d'entrée sur les vins, cidres, poirés, esprits et liqueurs, aux déclarations de passe-debout, de transit, d'entrepôt et de sortie pour les mêmes boissons; ceux employés pour recevoir les déclarations de mise de feu de la part des brasseurs et distillateurs ; enfin , les registres portatifs tenus pour l'exercice des redevables soumis en même temps aux droits d'octroi et à ceux dus au Trésor, seront communs aux deux services. La moitié des dépenses relatives à ces registres sera supportée par l'Octroi, et payée sur les mémoires dressés par la Régie des Impositions indirectes , approuvés par notre Ministre des finances.

Art. 70.

Les registres autres que ceux dont l'usage est commun aux octrois et aux droits d'entrée , seront cotés et paraphés par le Maire : ils seront arrêtés par lui le dernier jour de chaque année , déposés à l'Administration municipale, et renouvelés tous les ans. A l'égard des autres registres, les Maires pourront en prendre communication sans déplacement , et en faire faire des extraits pour ce qui concerne les recettes des octrois.

Art. 71.

Les états et bordereaux de recettes et de dépenses des octrois seront dressés aux époques qui auront été déterminées par la Régie des Impositions indirectes. Un double de ces états et bordereaux, signé du Maire, sera adressé au Préposé supérieur de cette Régie, pour être transmis au Directeur du département, et par celui-ci à son Administration.

Art. 72.

Les comptes des octrois seront rendus par les Receveurs aux Maires , et arrêtés par ces derniers dans les trois mois qui suivront l'expiration de chaque année.

Art. 73.

Le montant des dix pour cent du produit net des octrois revenant au Trésor royal, conformément à l'article 126 de la loi du 8 décembre 1814, sera établi sur les recettes brutes de toute nature, déduction faite des frais de perception et autres prélèvements autorisés. Les dix pour cent ne seront pas prélevés sur la partie des produits de l'octroi à verser au Trésor, en remplacement de la contribution mobilière.

Art. 74.

Le recouvrement des dix pour cent se poursuivra par la saisie des deniers de l'octroi, et même par voie de contrainte à l'égard du Receveur municipal.

TITRE IX.

Du contentieux.

Art. 75.

Toutes contraventions aux droits d'octroi seront constatées par des procès-verbaux, lesquels pourront être rédigés par un seul préposé et auront foi en justice. Ils énonceront la date du jour où ils seront rédigés, la nature de la contravention, et, en cas de saisie, la déclaration qui en aura été faite au prévenu ; les noms, qualité et résidence de l'employé verbalisant et de la personne chargée des poursuites ; l'espèce, poids ou mesure des objets saisis ; leur évaluation approximative ; la présence de la partie à la description, ou la sommation qui lui aura été faite d'y assister ; le nom, la qualité et l'acceptation du gardien ; le lieu de la rédaction du procès-verbal, et l'heure de la clôture.

Art. 76.

Dans le cas où le motif de la saisie portera sur le faux ou l'altération des expéditions, le procès-verbal énoncera le genre de faux, les altérations ou surcharges. Les-dites expéditions, signées et paraphées du saisissant, *ne varietur*, seront annexées au procès-verbal qui contiendra la sommation faite à la partie de les parapher, et sa réponse.

Art. 77.

Si le prévenu est présent à la rédaction du procès-verbal, cet acte énoncera qu'il lui en a été donné lecture et copie; en cas d'absence du prévenu, si celui-ci a domicile ou résidence connue dans le lieu de la saisie, le procès-verbal lui sera signifié dans les vingt-quatre heures de la clôture. Dans le cas contraire, le procès-verbal sera affiché dans le même délai à la porte de la maison commune.

Ces procès-verbaux, significations et affiches, pourront être faits tous les jours indistinctement.

Art. 78.

L'action résultant des procès-verbaux en matière d'octroi, et les questions qui pourront naître de la défense du prévenu, seront de la compétence exclusive, soit du Tribunal de simple police, soit du Tribunal correctionnel du lieu de la rédaction du procès-verbal, suivant la quotité de l'amende encourue.

Art. 79.

Les objets saisis par suite des contraventions aux Règlements d'octroi, seront déposés au bureau le plus voisin; et si la partie saisie ne s'est pas présentée dans les dix jours, à l'effet de payer la quotité de l'amende par elle encourue, ou si elle n'a pas formé dans le même délai opposition à la vente, la vente desdits objets sera faite par le Receveur, cinq jours après l'apposition à la porte de la maison commune, et autres lieux accoutumés, d'une affiche signée de lui, et sans aucune autre formalité.

Art. 80.

Néanmoins, si la vente des objets saisis est retardée, l'opposition pourra être formée jusqu'au jour indiqué pour ladite vente. L'opposition sera motivée et contiendra assignation à jour fixe devant le Tribunal désigné en l'article 78, suivant la quotité de l'amende encourue, avec élection de domicile dans le lieu où siége le Tribunal. Le délai de l'échéance de l'assignation ne pourra excéder trois jours.

Art. 81.

S'il s'élève une contestation sur l'application du Tarif ou sur la quotité du droit réclamé, le porteur ou conducteur sera tenu de consigner, avant tout, le droit exigé, entre les mains du Receveur; faute de quoi il ne pourra passer outre, ni introduire dans le lieu sujet l'objet qui aura donné lieu à la contestation, sauf à lui à se pourvoir devant le Juge de paix du canton : il ne pourra être entendu qu'en représentant la quittance de ladite consignation au Juge de paix, lequel prononcera sommairement et sans frais, soit en dernier ressort, soit à la charge d'appel, suivant la quotité du droit réclamé.

Art. 82.

Dans le cas où les objets saisis seraient sujets à dépérissement, la vente pourra en être autorisée avant l'échéance des délais ci-dessus fixés, par une simple ordonnance du Juge de paix sur requête.

Art. 83.

Les Maires seront autorisés, sauf l'approbation des Préfets, à faire remise, par voie de transaction, de la totalité ou de partie des condamnations encourues, même après le jugement rendu. Ce droit appartient exclusivement à la Régie des Impositions indirectes, et d'après les règles qui lui sont propres, toutes les fois que la saisie a été opérée dans l'intérêt commun des droits d'octroi et des droits imposés au profit du Trésor.

Art. 84.

Le produit des amendes et confiscations pour contraventions aux Règlements de l'octroi, déduction faite des frais et prélèvements autorisés, sera attribué, moitié aux employés de l'octroi, pour être répartie d'après le mode qui sera arrêté, et moitié à la commune.

TITRE X.

Des demandes en suppression ou en remplacement d'octroi.

Art. 85.

Les communes qui voudront supprimer leur octroi, ou le remplacer par une autre perception, en feront parvenir la demande par le Maire au Préfet, qui, après en avoir reçu l'autorisation de notre Ministre de l'intérieur, autorisera, s'il y a lieu, le Conseil municipal à délibérer sur cette demande.

Art. 86.

La délibération du Conseil municipal, accompagnée de l'avis du Sous-Préfet et du Maire, sera adressée par le Préfet, avec ses observations et l'état des recettes et des besoins des communes, à notre Ministre de l'intérieur, qui statuera provisoirement sur lesdites propositions. Il fera connaître immédiatement sa décision à notre Ministre des finances, pour que celui-ci, après avoir soumis le tout à notre approbation, prescrive, tant dans l'intérêt des communes que dans celui du Trésor, les mesures convenables d'exécution.

ART. 87.

Les droits d'octroi continueront à être perçus jusqu'à ce que la suppression de l'octroi ait été autorisée, ou jusqu'à la mise à exécution du mode de remplacement.

TITRE XI.

De la surveillance attribuée à la Régie des Impositions indirectes, et des obligations des employés de l'Octroi, relativement aux droits du Trésor.

ART. 88.

La surveillance générale de la perception et de l'administration de tous les octrois du royaume est formellment attribuée à la Régie des Impositions indirectes. Elle l'exercera sous l'autorité du Ministre des finances, qui donnera les instructions nécessaires pour assurer l'uniformité et la régularité du service, et régler l'ordre de la comptabilité particulière à ces établissements.

ART. 89.

Les traitements et les frais de bureau des Préposés en chef, nommés par le Directeur général des Impositions indirectes, seront à la charge des communes; ils seront proposés par les Conseils municipaux, et approuvés par notre Ministre des finances, qui pourra les réduire ou les augmenter, s'il y a lieu.

ART. 90.

Les Receveurs d'octroi dans les communes sujettes au droit d'entrée, seront tenus de faire en même temps la recette de ce droit. Le produit des remises qui seront accordées par la Régie des Impositions indirectes, pour cette perception, sera réparti entre tous les préposés d'octroi d'une même commune, dans la proportion qui sera déterminée par le Maire.

Art. 91.

Les employés des Impositions indirectes suivront, dans l'intérêt des communes, comme dans celui du Trésor, les exercices dans l'intérieur du lieu sujet, chez les entrepositaires de boissons, et chez les brasseurs et distillateurs. Il sera tenu compte par l'Octroi, à la Régie des Impositions indirectes, de partie des dépenses occasionnées pour ces exercices.

Art. 92.

Les préposés des octrois sont tenus, sous peine de destitution, d'exiger de tout conducteur d'objets soumis aux impôts indirects, comme boissons, tabacs, sels et cartes, la représentation des congés, passavants, acquits-à-caution, lettres de voiture et autres expéditions ; de vérifier les chargements, de rapporter procès-verbal des fraudes ou contraventions qu'ils découvriront ; de concourir au service des Impositions indirectes toutes les fois qu'ils en seront requis, sans toutefois pouvoir être déplacés de leur poste ordinaire ; enfin, de remettre chaque jour, à l'Employé en chef des Impositions indirectes, un relevé des objets frappés du droit au profit du Trésor qui auront été introduits.

Les employés des Impositions indirectes concourront également au service des Octrois, et rapporteront procès-verbal pour les fraudes et contraventions relatives aux droits d'octroi qu'ils découvriront.

Art. 93.

Les préposés des octrois se serviront, pour l'exercice

de leurs fonctions, des jauges, sondes, rouannes et autres ustensiles dont les employés des Impositions indirectes font usage.

La Régie leur fera fournir ces ustensiles, dont le prix sera payé par les communes.

TITRE XII.

De la perception des Octrois pour lesquels les communes auront traité avec la Régie des Impositions indirectes.

ART. 94.

Les Maires qui jugeront de l'intérêt de leur commune de traiter avec la Régie des Impositions indirectes, pour le perception et la surveillance particulière de leur octroi, adresseront, par l'intermédiaire du Sous-Préfet, leurs propositions au Préfet. Celui-ci les communiquera au Directeur des Impositions indirectes pour donner ses observations, et les soumettra ensuite, avec son avis, à notre Directeur général des Impositions indirectes, qui proposera, s'il y a lieu, à notre Ministre des finances d'y donner son approbation.

ART. 95.

Les conventions à faire entre la Régie et les communes ne porteront que sur les traitements fixes ou éventuels des préposés; tous les autres frais généralement quelconques seront intégralement acquittés par les communes sur les produits bruts des octrois.

La conséquence de ces conventions sera de remettre la perception et le service de l'octroi entre les mains des employés ordinaires des Impositions indirectes. Cependant, dans les villes où il sera nécessaire de conserver des préposés affectés spécialement au service de l'octroi, ces préposés continueront à être nommés par les Préfets, sur la proposition des Maires, et après avoir pris l'avis des Directeurs des Impositions indirectes. Leur nombre et leur traitement seront fixés par cette Régie : ils seront révocables, soit sur la demande du Maire, soit sur celle du Directeur. Lorsque le Préfet ne jugera pas convenable de déférer à la demande de ce dernier, il fera connaître ses motifs à notre Directeur général desdites Impositions, qui prononcera définitivement. Les Maires conserveront le droit de surveillance sur les préposés, et celui de transiger sur les contraventions, dans les cas déterminés par la présente ordonnance.

Art. 96.

Les traités conclus avec les communes subsisteront de plein droit jusqu'à ce que la commune ou la Régie en ait notifié la cessation. Cette notification aura toujours lieu, de part ou d'autre, six mois au moins à l'avance.

Art. 97.

Les Receveurs verseront le montant de leurs recettes, pour le compte de l'Octroi, dans la caisse municipale, aux époques déterminées par l'article 67, sous la déduction des frais de perception convenus par le traité, et dont ils compteront comme de leurs autres recettes pour le Trésor.

Art. 98.

La remise du service des Octrois pour la perception desquels il aura été conclu un traité avec la Régie des Impositions indirectes, lui sera faite de la manière prescrite par l'article 1er.

TITRE XIII.

Dispositions générales.

Art. 99.

Les Règlements et Tarifs d'octroi, en ce qui concerne les boissons, ne pourront contenir aucune disposition contraire à celles prescrites par les lois et ordonnances pour la perception des impositions indirectes.

Art. 100.

Les Préfets veilleront à ce que les objets portés aux Tarifs des octrois de leur département, soient, autant que possible, taxés au même droit dans les communes d'une même population.

Art. 101.

Tous les Tarifs et Règlements d'octroi seront successivement révisés et régularisés conformément aux dispositions de la présente ordonnance, et soumis à notre approbation par notre Ministre des finances.

Art. 102.

Il sera présenté à notre approbation par notre Ministre des finances, avant le 1er janvier prochain, un Règlement particulier d'organisation pour l'octroi et l'entrepôt de Paris.

Art. 103.

Les approvisionnements en vivres, destinés pour le service de la marine, ne seront soumis dans les ports à aucun droit d'octroi. Ces approvisionnements seront introduits dans les magasins de la marine de la manière prescrite pour les objets admis en entrepôt; le compte en sera suivi par les employés d'octroi, et les droits exigés sur les quantités qui seraient enlevées pour l'intérieur du lieu sujet et à toute autre destination que les bâtiments de l'Etat.

Art. 104.

Les matières servant à la confection des poudres ne seront également frappées d'aucun droit d'octroi.

Art. 105.

Nulle personne, quelles que soient ses fonctions, ses dignités ou son emploi, ne pourra prétendre, sous aucun prétexte, à la franchise des droits d'octroi.

Art. 106.

Nos Ministres de l'intérieur et des finances sont chargés, chacun en ce qui le concerne, de l'exécution de la présente ordonnance, qui sera insérée au Bulletin des lois.

Donné au château des Tuileries, le 9 décembre, l'an de grâce 1814.

Signé LOUIS.

Par le Roi :

Le Ministre Secrétaire d'Etat des finances,
Signé le baron Louis.

Pour ampliation :

Le Secrétaire général des finances,
Signé Lefevre.

Instruction sur la manière de se servir de la jauge adoptée par l'Octroi municipal de la ville de Lyon, en vertu d'un rapport de la Commission nommée par l'Académie et de l'autorisation de M. le Préfet du Rhône; par François RUBY.

—

PRÉLIMINAIRES.

Le jaugeage sert à déterminer la quantité de liquide contenu dans un tonneau; il se fait, soit avec des instruments qui donnent immédiatement le résultat cherché, soit par des opérations de calculs fondés sur des principes géométriques.

Le premier moyen est le seul que l'on ait employé jusqu'à présent dans les opérations publiques de jaugeage.

Il méritait en effet cette préférence par la facilité avec laquelle on parvient au but qu'on se propose. Mais, pour que le résultat soit exact, il faut que l'instrument soit établi sur des principes certains; et, pour le jaugeage public, il faut encore qu'il s'applique à toutes les formes de tonneaux en usage dans le commerce, et surtout que les opérations puissent être promptes et faciles.

Aucun des instruments employés jusqu'à ce jour n'a rempli complètement toutes ces conditions ; c'était une lacune. Nous avons essayé de la remplir ; l'expérience a prouvé que nous avions réussi.

La jauge que nous avons imaginée et dont nous avons exposé les bases dans un mémoire dont cette Instruction fait partie, peut déterminer la capacité des tonneaux de toutes formes , et donne une solution exacte dans tous les cas. Les calculs nécessaires pour opérer avec cette jauge sont tellement simples , qu'ils peuvent être faits avec une grande rapidité.

Description de la Jauge.

Notre jauge est une tringle carrée, en bois, terminée à l'une de ses extrémités par un crochet à double équerre et par un talon en fer dont le bout est destiné, dans les opérations , à s'appuyer contre le jable opposé à celui auprès duquel se trouve le jaugeur.

La longueur de cette tringle est égale à celle des plus grands tonneaux ; les divisions, marquées par des points qui représentent des décalitres, sont numérotées de cinq en cinq pour faciliter le calcul.

Chacune des faces de cette jauge porte une graduation dont nous allons indiquer l'usage.

Celle de la face intérieure du crochet sert à mesurer le diamètre des fonds ; celle de la face extérieure, directement opposée à la première , sert à mesurer la longueur du tonneau ; sur un troisième côté, situé dans le plan du crochet, sont placées les divisions avec lesquelles on prendra le diamètre du bouge ; le point d'où

l'on commence à compter est situé à l'extrémité opposée au talon de la jauge.

Au moyen de ces trois côtés, on jaugera de la manière suivante : on prendra le diamètre des fonds en
appuyant le talon de la jauge sur la partie intérieure du
jable, de manière à ne pas prendre le diamètre vertical
qui est presque toujours plus grand que l'horizontal,
mais celui qui se trouve entre les deux points ; les
chiffres ou points de la face intérieure de la jauge
donneront le nombre de décalitres que représente la
surface du fond. Nous n'avons pas besoin d'expliquer
que, si les fonds n'étaient pas égaux, on les égaliserait
en partageant la différence.

On prend ensuite le bouge, soit avec la jauge en
débondonnant le tonneau, soit en faisant au moyen
d'une vrille un trou par lequel on introduira une tringle de fer qu'on appliquera ensuite sur le côté de la
jauge qui sert à mesurer le bouge, en ayant soin, dans
les deux cas, de diminuer l'épaisseur de la douve supérieure ; si le tonneau n'était pas parfaitement rond, on
pourrait, pour plus de régularité, prendre plusieurs
dimensions dans le même cercle.

Si le diamètre du bouge est égal au diamètre du fond,
il reste comme base ; si l'expression de ce diamètre est
plus grande, on ajoute à celle du fond les trois quarts
de la différence qui existe entre elles ; si elle est moins
grande, on retranche du diamètre du fond les trois
quarts de cette différence, et ce résultat est toujours la
base.

Cette base trouvée, il faut prendre la longueur du
tonneau en appuyant le crochet de la jauge contre un
des fonds, et en comptant, sur la surface extérieure, le
nombre de points correspondants à la surface de l'au-

tre fond, après avoir déduit le jable qui se trouve près du jaugeur ; l'autre jable étant déduit par le crochet de la jauge, on n'aura point à s'occuper de l'épaisseur des fonds qui se trouve également déduite dans le calcul de l'instrument.

Si le nombre de points indiqués par la longueur excède celui indiqué par le fond (diminué ou augmenté de la différence du bouge), on prendra le tiers de cet excédant s'il ne s'élève pas à 12 points, et le quart s'il est de 12 points et au-dessus. — (*Nota.* On ajoutera ce tiers ou ce quart au fond (suivant le cas) aux points trouvés comme base, et leur somme donnera la quantité de liquide contenu dans le tonneau.)

Si, au contraire, le nombre de points indiqués par cette longueur est inférieur à celui indiqué par le fond combiné avec le bouge, on prendra le tiers de cette différence en moins, quel qu'en soit le chiffre, et, l'ayant soustrait du nombre donné par la base, on aura en résultat la quantité contenue dans le tonneau.

Cette opération est facile ; elle se fait rapidement, et ne nécessite qu'un calcul de tête.

Quelques exemples la feront parfaitement comprendre.

Nous supposons des tonneaux ayant les dimensions suivantes :

Exemple :

1° Diamètre du fond 35	⎞	
Id. du bouge. 35	⎬ 35 décal	
Longueur 35	⎠	

Ici le fond n'a rien à emprunter au bouge qui lui est

semblable, rien à la longueur qui est la même. Ces deux dernières dimensions corroborent la première, et la capacité du tonneau est de 35 décalitres, soit   .   3 ʰᵉᶜᵗ· 50 ˡⁱᵗ·

Nota. — Quoique cette opération ne soit pas rigoureusement fondée en principe, cependant nous avons dû l'indiquer comme offrant seule au jaugeur un moyen de rapidité toujours désirable dans les opérations que nécessite la perception. Le résultat diffère, au reste, de si peu, que nous n'avons pas cru devoir nous y arrêter.

2° Fond. .   .   .   . 27 ⎫
Bouge .   .   .   . 27 ⎬ 2 h. 80 l.
Longueur .   .   .   . 30 ⎭

Les dimensions du fond et du bouge sont les mêmes; celle de la longueur excède de trois points, dont on prend le tiers 1, qui, ajouté à 27, fait 28 décalitres, soit.   .   .   .   . 2 ʰᵉᶜᵗ· 80 ˡⁱᵗ·

3° Fond. .   .   .   . 26 ⎫
Bouge .   .   .   . 30 ⎬ 3 h. 10 l.
Longueur .   .   .   . 35 ⎭

La différence du bouge au fond est de 4; il en faut prendre les trois quarts 3, et les ajouter à 26, ce qui donne 29 pour base. De 29 à 35, la différence est de 6, dont le tiers 2, ajouté à 29, fait 31 décalitres, soit .   .   .   . 3 ʰᵉᶜᵗ· 10 ˡⁱᵗ·

4° Fond .   .   .   . 48 ⎫
Bouge .   .   .   . 56 ⎬ 6 h. 30 l.
Longueur .   .   .   . 90 ⎭

La différence du bouge au fond est de 8; on en ajoute les trois quarts, 6 + 48 = 54; de 54 à 90, la différence est de 36, dont le quart 9, ajouté à 54, donne 63 décalitres, soit . . . . 6 ^{hect} 30 ^{lit.}

5° Fond.	42	
Bouge	54	5 h. 95 l.
Longueur	85	

La différence du bouge au fond est de 12; il faut en ajouter les trois quarts, 9 à 42, ensemble 51 ; de 51 à 85 la différence est de 34, dont le quart, 8/5 ou 85 litres, ajouté à 510, donne 59 décalitres et 5 litres, soit . . . . 5 ^{hect.} 95 ^{lt.}

6° Fond.	30	
Bouge	30	2 h. 70 l.
Longueur	21	

Le fond et le bouge étant égaux, 30 reste comme base; de 30 à 21 la différence en moins est de 9, dont le tiers 3, retranché de 30, donne pour résultat 27 décalitres, soit . . . . 2 ^{hect.} 70 ^{lit.}

7° Fond.	28	
Bouge	24	2 h. 30 l.
Longueur	19	

Du bouge au fond la différence en moins est de 4, dont les trois quarts 3, étant retranchés de 28, il reste 25 pour base; de 25 à 19 la différence en moins est de 6, dont le tiers 2, retranché de 25, donne pour résultat 23 décalitres, soit . . . . . . 2 ^{hect.} 30 ^{lit}

8° Fond.	32	
Bouge	28	3 h. 80 l.
Longueur	45	

Du bouge au fond la différence en moins est de 4, dont les trois quarts 3, étant retranchés de 32, il reste 29 comme base; de 29 à 45 la différence en plus est de 16, dont le quart 4, ajouté à 29, fait 33 décalitres, soit . . . . 8 ^{hect.} 30 ^{lit.}

CONCLUSIONS.

Nous pensons que les huit exemples donnés embrassent à peu près tous les cas où le jaugeur peut être placé pour la forme des tonneaux. S'il s'en présentait d'autres, il opérerait par analogie.

Description des parties égales.

Il nous reste à parler du quatrième côté de la jauge, celui des parties égales, qui forme le complément du système d'après lequel la jauge a été établie.

Il est basé sur des calculs de mathématiques tellement rigoureux, que le résultat qu'il donne serait de la plus grande exactitude si les tonneaux étaient d'une construction parfaitement régulière, et faits suivant l'instruction publiée par ordre de M. le Ministre de l'intérieur, en exécution de la loi du 1er brumaire an II.

Sur ce côté, les chiffres 10, 9, 8, 7, 6, 5, 4, 3, 2, 1, placés à des distances inégales, sont les indications de la valeur en litres et fractions de litres de chacune de ces parties.

Quelques exemples suffiront pour faire comprendre la manière d'opérer.

Exemple :

1° Le diamètre moyen d'un tonneau (combiné sur les diamètres des fonds et du bouge comme dans les cas précédents) étant de 35 décalitres, et la longueur de 73, on comptera le nombre de parties égales comprises dans l'espace qui existe entre les chiffres 35 et 73, pris sur le côté des longueurs, ce qui est très facile, ces deux côtés étant contigus : on trouvera que ce nombre de parties est de 20 ; et le chiffre 5, placé sur le côté des parties égales, à la même hauteur que le nombre 35, indique qu'il faut ajouter 5 litres par chacune de ces divisions ; et comme il s'en trouve 20, c'est donc 100 litres ou 10 décalitres à ajouter aux 35 donnés par la base, résultat du diamètre moyen, ce qui fera 45 décalitres ou 450 litres, trouvés comme capacité du tonneau.

2° Diamètre moyen .   60 décalitres ou 600 litres.
   Longueur . . . 37

Le nombre des parties égales contenues entre ces deux chiffres est de 13 ; le chiffre indicateur correspondant au chiffre 60 est 7, lequel, multipliant 13, donne 91 litres à retrancher de 600, ce qui laisse 509 litres pour capacité du tonneau.

3° Diamètre moyen .   40 décalitres ou 400 litres.
   Longueur. . . . 71

Le nombre des parties égales comprises dans cet espace est de 16, lesquels, multipliés par 5 1/2,

nombre correspondant au **diamètre moyen**, donnent
88 litres à ajouter aux 400 litres du diamètre; ensemble. . . . . 488 litres.

    4° Diamètre moyen . 27 décalitres ou 270 litres.
       Longueur . . . 57

Il y a entre ces deux chiffres 18 parties égales. Le
nombre 27 correspond sur le côté des parties égales,
au milieu de l'espace existant entre le chiffre 4 et l'étoile
indiquant la demie; c'est donc 4 litres 1/4 qu'il faut
ajouter par chacune des divisions : ainsi, 18 multipliés
par 4 1/4 donnent 76 1/2 à ajouter aux 270 du diamètre, ce qui fait 340 litres 1/2.

    5° Diamètre moyen. . 56 décalitres ou 560 litres.
       Longueur. . . . 30

Le nombre des parties égales est de 16; la valeur de
chaque division est de 16 litres 3/4, lesquels, multipliés
par 16, donnent 108 litres à retrancher de 560 litres
indiqués par le diamètre, ce qui fixe à 452 litres la capacité du tonneau.

Considérations générales.

FUTS DÉFECTUEUX.

Nous avons décrit la jauge et indiqué la manière d'o-
pérer; nous devons faire observer, toutefois, que le jaugeage des tonneaux ne consiste pas seulement dans le
mesurage de leurs dimensions et dans les calculs indiqués par l'Instruction.

Cela suffit toutes les fois que les tonneaux ne présentent pas d'irrégularités ; mais il en est dont l'un ou les deux fonds sont saillants ou rentrants, dont les douves mal jointes, ayant cédé au premier rabattage, forment des angles, où la coupe faite par le bouge présente une ellipse au lieu d'un cercle, tandis que celle des fonds est presque ronde : défauts qui apportent nécessairement une différence dans le résultat.

Cette observation ne s'applique pas à notre jauge seule, mais à toutes les jauges possibles, qui, calculées sur des principes vrais, sont dans l'impossibilité d'atteindre les difformités auxquelles le jaugeur ne prendrait pas garde.

Un exemple fera comprendre toute l'importance de ce que nous venons de dire.

Supposons que le grand axe de l'ovale soit de 60 centimètres, et le petit axe de 55 centimètres. Si l'on ne prend que la dimension du grand axe, la capacité trouvée sera à la capacité réelle comme 60 est à 55, à quelque chose près, attendu que nous avons supposé les fonds presque ronds. Si les fonds avaient leurs deux axes dans le même rapport, une pièce qui jaugerait 600 n'en contiendrait que 550.

Il est donc important que le jaugeur examine bien les tonneaux qu'il veut mesurer, et qu'en prenant les dimensions il compense les irrégularités que peuvent représenter ces tonneaux.

FUTS FRAUDULEUX.

Il y a dans la forme des tonneaux d'autres irrégularités qui sont préparées pour tromper le jaugeur : l'une consiste dans l'inclinaison des fonds, qui sont plus rapprochés en haut qu'en bas ; de sorte qu'en mesurant la pièce dans le haut, on trouverait cette dimension plus courte que celle du bas, et on obtiendrait un résultat qui serait en dessous de la véritable capacité.

Un autre moyen pour tromper le jaugeur, consiste dans l'aplatissement des douves de dessus et de dessous ; en sorte que le diamètre du bouge, s'il était pris par la bonde, se trouverait de beaucoup plus petit que s'il était pris sur les côtés. Dans ce cas, la coupe par le bouge est une ellipse qui produit sur le résultat un effet contraire à celui que nous avons signalé plus haut.

Il résulte des observations que nous venons de faire, que la jauge, quelque bonne qu'elle soit, doit être cependant maniée par un homme habile, qui, par une application réfléchie de l'instrument, puisse déjouer les tentatives de fraude.

FIN.

TABLE EXPLICATIVE

DES

MATIÈRES CONTENUES DANS CE VOLUME.

Modèles de Procès-verbaux en matière d'octroi.

CHAPITRE PREMIER.

Modèles de Procès-verbaux concernant une saisie en matière de contributions indirectes et d'octroi.

(Saisie commune aux deux services.)

CHAPITRE II.

Modèles de Procès-verbaux en matière de contributions indirectes inclusivement.

CHAPITRE III.

FIN DE LA TABLE.

CODES

DES

CONTRIBUTIONS INDIRECTES,

OU

LOIS ORGANIQUES,

Annotées : 1° des Lois subséquentes qui y ont apporté des changements ; 2° des Instructions explicatives de l'Administration ; 3° des Arrêts de la Cour de Cassation et du Conseil d'Etat, interprétatifs du texte ; 4° enfin, des Décisions émanant du Conseil d'administration , et d'une application générale ; par MM. SAILLET, sous-chef de bureau à l'Administration centrale des Contributions indirectes, et OLIBO, contrôleur de comptabilité du département du Rhône.

1 vol. in-8° : 12 fr. 50 c.

A PARIS , chez M. Saillet , rue Cherche-Midi , 4 ;
A LYON , chez M. Olibo , rue Bourbon , 54 ;
Et dans les autres villes , chez les Directeurs et premiers Commis de l'Administration.

FOURNITURES D'IMPRESSIONS

A L'USAGE

DES OCTROIS.

—◦⟨❂⟩◦—

M. Louis PERRIN, imprimeur à Lyon, *rue d'Amboise*, 6, a l'honneur de faire ses offres de services à Messieurs les Préposés en chef des Octrois pour la Fourniture des Imprimés nécessaires à leurs administrations.

Chargé depuis longues années de l'exécution de divers Modèles employés dans les Bureaux de Lyon, modèles qu'un long usage et de constantes améliorations ont mis en rapport avec la législation qui régit la matière, il croit pouvoir offrir avec assurance ceux qu'il possède dans ses ateliers, comme répondant à tous les besoins.

Il peut satisfaire aux demandes qui lui seraient adressées, dans le plus bref délai et aux conditions les plus modérées.

✳

ERRATA.

Page   **2**,   2e ligne :   ou remise à la caution ,
lisez : ou remis à la caution.

Page   33, 15e ligne :   il a fait partir sa charrette ,
lisez : a fait partir sa charrette.

Page   78, 21e ligne :   la contravention ,
lisez : sa contravention.

Page   80, 32e ligne :   mairie de Lyon ,
lisez : mairie de.....

Page 111, dernière colonne : 13 fr. 14 c. ,
lisez : 16 fr. 14 c.

Page 112, 4e ligne :   Il y a eu transposition. — Le premier
cas indique au boucher la somme qu'il
a à toucher, et le second établit le
supplément de taxe à percevoir.

Page 157, 8e ligne :   de service ,
lisez : du service.

Page 172, 15e ligne :   ils ne peuvent ,
lisez : ne peuvent.